cómo construir su Matrimonio

Dennis Rainey

"Si el Señor no edifica la casa, en vano trabajan los que la edifican" (Salmo 127:1a).

Little Rock, Arkansas

Loveland, Colorado

La Garantía de Group es R.E.A.L.

Todo recurso publicado por Group Publishing, Inc. utiliza el estilo de enseñanza al cual le llamamos "Aprendizaje R.E.A.L." Este es un enfoque único que trae como resultado la retención a largo plazo de los conceptos aprendidos y la transformación del individuo al aplicarlos a su vida. Dicho estilo de aprendizaje es:

Relacional
Estimula la coversación entre los participantes lo cual ayuda a una mejor comprensión de los conceptos y a su vez provee la oportunidad para desarrollar amistades que le estimularán en su vida cristiana.

Experimental
La enseñanza que envuelve varios sentidos aumenta grandemente el aprendizaje y la capacidad retentiva.

Aplicable
Al conectar la Palabra de Dios con la realidad del diario vivir de las personas, se lleva el aprendizaje de un nivel de información a un nivel de transformación.

Lección-Enfocada-en-el-Aprendizaje
Cuando el enfoque es el aprendizaje, es importante que se considere cómo las personas aprenden mejor en lugar de cuánto material se cubre.

Cómo Construir su Matrimonio
Copyright © 2002 Dennis Rainey

Todos los derechos reservados. Este libro no puede ser reproducido completo o en parte por medios mecánicos o electrónicos sin la autorización por escrito de la casa publicadora, con excepción de aquellos lugares en el texto donde se indique lo contrario, o para ser citado brevemente en algún artículo. Para más información, puede comunicarse por escrito con Group Publishing, Inc., Dept. PD, P.O. Box 481, Loveland, CO 80539.

Puede visitarnos por medio del internet en **www.grouppublishing.com**

CREDITOS
FamilyLife
Editor versión en Inglés: David Boehi
Asistente del Editor: Julie Denker
Versión en Español - Traducción: Debbie E. Rodríguez
Editores Generales: Dr. Alberto J. Rodríguez y Debbie E. Rodríguez
Revisión: Ing. Victor y Fracesca Mirón, Dr. Leonel y Miriam Motta, Wanda Aponte
Artista de Diseño Gráfico para versión en Español: Jennifer I. Smith

Group Publishing, Inc.
Editor versión en Inglés: Matt Lockhart
Editor de Recursos Creativos: Paul Woods
Oficial Principal de Recursos Creativos: Joani Schultz
Editor de Copia: Bob Kretschman
Director de Arte: Jenette L. McEntire
Director del Arte de la Portada: Jeff A. Storm
Artista de Diseño Gráfico: Anita M. Cook
Fotógrafo de la Portada: Daniel Treat
Ilustrador: Ken Jacobsen
Gerente de Producción: Peggy Naylor

Las citas bíblicas son tomadas de la traducción de LA BIBLIA DE LAS AMERICAS, Copyright (1986, 1995, 1997 by The Lockman Foundation. Usadas con permiso. Todos los reservados. (New American Standard Bible®)

Impreso en los Estados Unidos de América.

SERIE DE ESTUDIOS PARA PAREJAS CONSTRUCTORES DEL HOGAR®

Cómo Permitir que Dios Edifique su Casa
para que usted no trabaje en vano

●

La Serie de Estudios para Parejas Constructores del Hogar®: Un estudio diseñado para la dinámica de grupos pequeños con el propósito de que su familia llegue a ser todo lo que Dios quiere que sea.

FamilyLife es una sección de Campus Crusade for Christ International, una organización cristiana fundada por el Sr. Bill Bright en el 1951. FamilyLife comenzó en los Estados Unidos en el año 1976 con el propósito de ayudar a cumplir la Gran Comisión a través del fortalecimiento de los hogares y luego equipando a las familias para propagar el mensaje de salvación de Jesucristo. En España, la organización opera bajo el nombre de De Familia a Familia-Agape, y en los países de Latinoamérica bajo Ministerio a la Familia-Cruzada Estudiantil y Profesional para Cristo.

Dichas organizaciones promueven eventos para la familia tales como conferencias y seminarios para matrimonios y para padres. Los eventos de FamilyLife son los eventos para enriquecimiento de relaciones matrimoniales y familiares de mayor crecimiento en el mundo entero.

FamilyLife tiene segmentos y programas radiales en Español llamados "Compartiendo en Familia", con el Dr. Alberto J. Rodríguez y su esposa Debbie como anfitriones, y en España llamado "De Familia a Familia" y "Estamos en Familia", con el Ing. Victor Mirón y su esposa Francesca como anfitriones. En Inglés, puede escuchar el programa radial diario llamado "FamilyLife Today", con Dennis Rainey como anfitrión.

Si desea más información sobre eventos en Español a celebrarse en su área y sobre materiales para enriquecer a la familia, puede comunicarse con nosotros en el número de teléfono 1-877-FL-TODAY y le podremos referir al ministerio local correspondiente:

FamilyLife
U.S. Hispanic Ministry
(en Estados Unidos y territorios)
3900 North Rodney Parham Road
Little Rock, AR 72212-2441
1-877-FL-TODAY (1-877-358-6329)
www.familylife.com

De Familia a Familia
(en Europa y España)
Agape
Malats, 37, Baixos
08030 Barcelona, España
34-93-274-0642
www.defamilia.org

Ministerio a la Familia
(en Centro y Sur América)
14050 S.W. 84th St., Suite 103
Miami, FL 33183
(305) 382-3073
www.ministerioalafamilia.org

Una sección de Campus Crusade for Christ International
Bill Bright, Fundador
Steve Douglass, Presidente

Dedicatoria

A Jerry y Sherryl Wunder, por su amistad, espíritu de servicio y por sus vidas. Ustedes han hecho que la Serie de Estudios para Parejas Constructores del Hogar se convierta en una realidad.

La versión en Español es dedicada a Ken y Nook Tuttle, por su apoyo y su visión de alcanzar a las familias hispanas por medio de la Serie de Estudios para Parejas Constructores del Hogar, y por su esfuerzo para hacer de este proyecto en Español una realidad. Gracias por su compromiso y su dedicación para alcanzar a todas las familias del mundo con los principios y el diseño de Dios para la familia.

Sobre el Autor

Dennis Rainey es el director ejecutivo y co-fundador de FamilyLife, una sección de Campus Crusade for Christ. El obtuvo un grado postgraduado del Seminario Teológico de Dallas. Desde el año 1976, él ha sido testigo del rápido crecimiento de los eventos de FamilyLife para matrimonios y padres, tanto en Inglés como en Español. Además, es el anfitrión del programa radial diario en Inglés "FamilyLife Today", el cual se escucha en los Estados Unidos y alrededor del mundo. Dennis recibió el premio que otorga la Asociación Nacional Radiodifusora de Programas Radiales Religiosos en el año 1995. Dennis sirve como parte de la junta directiva del "Evangelical Council for Financial Accountability".

Dennis y su esposa Barbara, son oradores en las conferencias y eventos de FamilyLife a través de los Estados Unidos y en el extranjero. Dennis también sirve como conferenciante en los eventos para hombres de la organización "Promise Keepers". El ha testificado frente al Congreso de los Estados Unidos en favor de la familia y ha comparecido en un sinnúmero de programas de radio y televisión.

Dennis y Barbara han sido autores de varios libros en Inglés, incluyendo: *"The New Building Your Mate's Self-Esteem"*, *"Moments Together for Couples"*, *"Parenting Today's Adolescent"*, y *"Two Hearts are Better than One"*. Dennis es también el autor de los libros titulados: *"Starting Your Marriage Out Right"*, *"The Tribute and the Promise"* (con Dave Boehi), *"One Home at a Time"*, y otros estudios de la Serie de Estudios para Parejas Constructores del Hogar.

Dennis y Barbara recibieron su licenciatura en la Universidad de Arkansas. Ellos tienen seis hijos y residen en Little Rock, Arkansas.

Cómo Comenzar las Sesiones

Cada sesión está compuesta de las siguientes secciones: Preparación, Plan, Resumen y Proyecto de Constructores del Hogar. A continuación encontrará una descripción de cada sección:

Preparación (15 minutos)

El propósito de la sección de Preparación es lograr que las personas se relajen después de un día atareado y que puedan conocerse mejor como grupo. A menudo, usted encontrará que el comienzo de la sección envuelve un ejercicio divertido que a su vez sirve como introducción a la sesión. La habilidad de poder divertirse con otros facilita el que se desarrolle una íntima relación entre los miembros del grupo.

Otro elemento de esta sección de Preparación es el concepto de responsabilidad mutua (excepto en la Sesión Uno). Este concepto se desarrolla al pedirle al grupo que comparta sobre el Proyecto de Constructores del Hogar que las parejas deben completar entre sesiones.

Plan (60 minutos)

Este es el corazón del estudio. En esta sección los miembros del grupo contestan preguntas relacionadas con el tema y hacen referencia a la Palabra de Dios para mayor comprensión de los principios. Algunas de las preguntas están diseñadas para que sean contestadas en grupos más pequeños mientras que otras son para ser contestadas con el grupo completo. Usted encontrará anotaciones que hacen referencia a esto al margen de la página.

Resumen (15 minutos)

Esta sección tiene como propósito resumir el punto que se trata de hacer durante la sesión y terminar apropiadamente la discusión.

Proyecto de Constructores del Hogar (60 minutos)

Esta sección es la aplicación del estudio para cada pareja individualmente. Antes de que las parejas se despidan, se les anima a que "Haga una Cita" para que completen este proyecto antes de la próxima reunión.

Dentro de la sección del proyecto existen tres partes:

1) Como Pareja—un ejercicio diseñado para que su tiempo juntos sea divertido; 2) Individualmente—una serie de preguntas para ser contestadas por cada cónyuge individualmente; 3) Interacción entre la Pareja—una oportunidad para que la pareja comparta sus respuestas entre sí y puedan hacer la aplicación a sus vidas.

Además, usted encontrará ocasionalmente una sección titulada "Para un Impacto Adicional". El propósito de este ejercicio es proveer una dinámica que enfatice más algún punto. Tenga presente que en un grupo existen diferentes estilos de aprendizaje. A pesar de que la mayoría del estudio se conduce en una dinámica verbal, es importante que de vez en cuando se utilicen dinámicas que envuelvan otros sentidos (la vista, el tacto) de manera que ocurra el mayor aprovechamiento y aprendizaje.

Contenido

Reconocimientos **10**

Introducción **12**

Sesión Uno: Venciendo el Aislamiento **15**

Sesión Dos: Creando Unidad **27**

Sesión Tres: Recibiendo a Su Cónyuge **37**

Sesión Cuatro: Construyendo una Relación **47**

Sesión Cinco: Completándose Mutuamente **61**

Sesión Seis: Construyendo en el Espíritu **75**

Sesión Siete: Construyendo un Legado **87**

¿Qué Haremos Después de este Estudio? **99**

Nuestros Problemas y las Respuestas de Dios **103**

Anotaciones para el Líder **113**

Reconocimientos

Este estudio bíblico es el resultado de la visión y trabajo de un equipo de individuos que se encuentran comprometidos a fortalecer a los matrimonios y familias alrededor del mundo.

Agradecemos el trabajo de traducción, edición y revisión de esta nueva edición de Cómo Construir Su Matrimonio al Dr. Alberto J. Rodríguez y su esposa Debbie, quienes son los Directores de FamilyLife para el Mundo Hispano ("Hispanic FamilyLife") en Estados Unidos y sus territorios. Ellos también son los anfitriones de los segmentos de radio en español "Compartiendo en Familia", y tienen a su cargo la coordinación de eventos de FamilyLife en Español, y el desarrollo y trabajo de traducción de la Serie de Estudios para Parejas Constructores del Hogar. También agradecemos a Luis y Josefina Estévez por coordinar y dar dirección al esfuerzo de Constructores del Hogar en Estados Unidos y sus territorios.

Reconocemos la valiosa contribución del Ing. Victor Mirón y su esposa Francesca, Directores de De Familia a Familia-Agape-para España y Europa, y del Dr. Leonel Motta y su esposa Miriam, Directores del Ministerio a la Familia para los países de América Latina. Su dedicación, esfuerzo y cooperación para juntos lograr alcanzar a la población hispano-parlante en los Estados Unidos y sus territorios por medio de FamilyLife; en España por medio de De Familia a Familia-Agape, y en Centro y Sur América por medio del Ministerio a la Familia, son apreciados grandemente. En especial, agradecemos la contribución que cada uno provee al equipo en el desarrollo de materiales para beneficiar a las familias hispano-parlantes en los tres continentes.

Agradecemos también a FamilyLife, con las oficinas centrales en Little Rock, Arkansas, a sus Directores Dennis y Barbara Rainey, a todo su personal, y en especial a Ken Tuttle, Director del Departamento de Alcance a la Comunidad e Iglesias, y a Howard Ostendorff, Director del Departamento Internacional, por su apoyo, su compromiso y su dedicación para alcanzar a todas las familias del mundo con los principios y el diseño de Dios para la familia.

Finalmente, agradecemos a Group Publishing, Inc., en especial a Dave Thornton y Matt Lockhart, por su apoyo y visión de hacer llegar estos materiales a la comunidad hispano-parlante en todo el mundo por medio de su publicación en el idioma Español. ¡Gracias hermanos!

Introducción

Cuando dos personas se casan, hacen un compromiso de amor para toda la vida frente a otros que sirven como testigos de su promesa de amor. Intercambian entre ellos las palabras que componen los votos sagrados del matrimonio: "para conservarte y sostenerte desde este día en adelante...para amarte, honrarte, y estimarte...para bien o para mal... en riqueza o en pobreza...en tiempo de enfermedad o de salud... en prosperidad o adversidad...hasta que la muerte nos separe."

Es un día muy feliz, quizás el día más feliz de sus vidas. Sin embargo, muchas parejas se dan cuenta luego de terminar su luna de miel, que cuando la etapa y emociones intensas del noviazgo y del periodo del compromiso han pasado, la realidad que descubren es que enamorarse y construir un matrimonio son cosas muy diferentes. Mantener esos votos matrimoniales se hace más difícil que lo que ellos puedan anticipar.

Es interesante observar que personas inteligentes a las cuales no se les ocurriría comprar un automóvil sin planificar de antemano los detalles de esa compra, o ir al mercado de compras sin llevar dinero, no obstante entran al matrimonio sin tener un plan de antemano o una idea de cómo lograr que su relación matrimonial tenga éxito.

Dios tiene un plan, un diseño de cómo construir una relación matrimonial con éxito y que honre a Dios. El plan de Dios está diseñado para permitir que tanto el hombre como la mujer crezcan en una relación de plena satisfacción mutua y que por consiguiente alcancen a otros con el amor de Jesucristo. Al ignorar este plan, ambos cónyuges terminan aislados y separados. Este patrón de separación y aislamiento se puede ver en muchos hogares de hoy en día. Cuando no seguimos el diseño de Dios para el matrimonio, el resultado es una desilusión amarga, esfuerzos perdidos y en muchos casos, separación emocional, física y eventualmente, el divorcio.

Como respuesta a esta gran necesidad en los hogares de hoy, FamilyLife ha desarrollado una serie de estudios para los grupos pequeños a la cual hemos llamado Serie de Estudios para Parejas Constructores del Hogar.

Usted puede completar este estudio con su cónyuge, pero le recomendamos que se una a un grupo de parejas o que establezca usted un grupo para estudiar este material juntos.

Usted encontrará que las preguntas de cada sesión no tan sólo le ayudarán a aumentar su intimidad como pareja, sino que también crean una atmósfera especial que conduce a la amistad y al compañerismo con otros. Todos estos elementos propician el que usted logre construir la relación matrimonial que siempre ha deseado tener. Participar en un grupo de Constructores del Hogar puede ser uno de los eventos más significativos de su vida como pareja.

La Biblia contiene el diseño para construir un matrimonio que honre a Dios

Usted podrá notar a través del transcurso de este estudio que la Biblia se utiliza como la fuente de autoridad para los asuntos de la vida y del matrimonio. Aún cuando fue escrita hace miles de años, es interesante observar cómo este libro es relevante a las dificultades que los hombres y mujeres de hoy experimentan. La Biblia es la Palabra de Dios y contiene el diseño para lograr construir un hogar que honre a Dios y para enfrentar los asuntos prácticos del diario vivir.

Le animamos a que lleve una Biblia a cada sesión. En este manual utilizamos la traducción de la Biblia de las Américas como referencia a las citas bíblicas, pero también recomendamos que se utilice la traducción Reina-Valera.

Reglas para el grupo

Cada sesión está diseñada para que los miembros del grupo se diviertan mientras aprenden principios que pueden aplicar a su relación matrimonial en una atmósfera cálida y amigable. Existen tres reglas que ayudarán a que todas las personas del grupo se sientan cómodas y puedan obtener el mayor provecho de esta experiencia de grupo:

1. No comparta nada que pueda avergonzar a su cónyuge.
2. Puede pasar por alto cualquier pregunta que no desee contestar.
3. Haga todo lo posible por completar como pareja el Proyecto de Constructores del Hogar antes de cada sesión.

Notas breves para el líder de grupo de Constructores del Hogar

1. ¡Dirigir un grupo es mucho más fácil de lo que usted puede imaginarse! Su rol como líder del grupo es el de servir de "facilitador". Como facilitador, su meta simplemente debe ser darle dirección al grupo durante la discusión de las preguntas de cada sesión. Usted no necesita ser un maestro del material, por el contrario, nuestro deseo es que usted no "enseñe" el material. Lo especial de este material es que provee una dinámica que promueve el aprendizaje por medio de la participación de cada persona que compone el grupo.

2. Este material está diseñado primordialmente para ser utilizado en una dinámica de grupo pequeño, pero puede ser adaptado fácilmente al formato de la escuela dominical. (Puede ver la información que se ofrece en la página 113 para utilizar esta opción.)

3. Hemos incluido una sección titulada Anotaciones para el Líder al final de este manual. Asegúrese que revisa esta sección antes de comenzar a dirigir la primera sesión, ya que será de gran ayuda para usted en su preparación para llevar a cabo este estudio.

4. Usted también puede obtener un recurso adicional, *La Guía del Líder de Constructores del Hogar*, por Drew y Kit Coons. Este manual es un excelente recurso que le provee información más detallada de cómo comenzar un grupo, cómo mantener la discusión en progreso a través del estudio y otra información que le será de gran ayuda.

Sesión Uno

Venciendo el Aislamiento

Vencer el egoísmo y el aislamiento es esencial para poder construir unidad en su matrimonio y una relación que honre a Dios.

PREPARACION   15 MINUTOS

Para conocerse

Cada persona debe presentarse al grupo y compartir sobre su relación, escogiendo una de las siguientes opciones (hablen entre sí para decidir qué compartir):

- Cuándo y dónde se conocieron
- Una cita amorosa que fue divertida o fuera de lo usual que ocurrió antes de casarse
- Una anécdota graciosa o romántica de su luna de miel o de recién casados

Para conectarse

Pase los libros alrededor del grupo para que cada pareja escriba en el espacio que se provee en la página siguiente, sus nombres, sus números de teléfono y dirección de correo electrónico (si tienen una).

NOMBRE, TELEFONO, & CORREO ELECTRONICO

NOMBRE, TELEFONO, & CORREO ELECTRONICO

NOMBRE, TELEFONO, & CORREO ELECTRONICO

NOMBRE, TELEFONO, & CORREO ELECTRONICO

NOMBRE, TELEFONO, & CORREO ELECTRONICO

NOMBRE, TELEFONO, & CORREO ELECTRONICO

NOMBRE, TELEFONO, & CORREO ELECTRONICO

NOMBRE, TELEFONO, & CORREO ELECTRONICO

Para un Impacto Adicional

Tire una moneda al aire:
Utilice este ejercicio para comenzar el estudio de una manera divertida y para ilustrar el tema del egoísmo.

Saque todas las monedas que se encuentren en su bolsillo o su cartera y colóquelas entre usted y su cónyuge. Prosiga a tomar turnos para lanzar una moneda al aire—las damas primero. Si la moneda cae en el lado "cara", la esposa puede escoger para sí una moneda; si cae en el lado "cruz", el esposo escoge una moneda. Haga este ejercicio por unos minutos y después únase a las otras parejas para contestar las siguientes preguntas:

- ¿Qué emociones sintió usted durante este ejercicio?

- ¿Qué pensamientos tuvo mientras escogía con qué moneda quedarse?

PLAN   60 MINUTOS

Los sentimientos de egoísmo y egocentrismo son naturales para todos nosotros pero son dañinos para la salud de la relación matrimonial. En esta sesión vamos a trabajar en construir nuestro matrimonio al identificar y lidiar con el egoísmo y sus efectos.

Las causas del fracaso en el matrimonio

1. Durante el noviazgo y el periodo de compromiso, muchas parejas parecen disfrutar de un alto nivel de romance y cercanía emocional. Pero al pasar el tiempo, muchas veces se sienten distanciados. ¿Por qué cree usted que esto ocurre?

2. Una de las principales razones por las cuales las parejas se casan es para experimentar intimidad, esto es, una relación personal y de cercanía emocional con otra persona. Sin embargo, muchas parejas encuentran que este tipo de intimidad no ocurre de manera natural. ¿Por qué cree usted que es esto?

3. Lea Isaías 53:6a. ¿Cómo cree usted que este pasaje ayuda a explicar el fracaso de algunos matrimonios de poder experimentar la intimidad en su relación?

4. Mencione algunas maneras en que se puede ver el egoísmo en la relación matrimonial. ¿Qué relación ve usted entre el egoísmo y el aislamiento?

Cada uno por su lado

5. El egoísmo lleva al aislamiento en una relación, lo cual se observa cuando la pareja tiende a separarse emocionalmente. ¿Cuál es el efecto del aislamiento en la relación matrimonial?

6. ¿Por qué piensa usted que algunas personas están dispuestas a tolerar el aislamiento en lugar de trabajar para construir unidad y armonía en su relación matrimonial?

7. A menudo, es mucho más fácil ver el egoísmo en su cónyuge que en usted mismo. ¿Puede identificar algunas de las maneras en que usted refleja actitudes egoístas en su relación matrimonial? Tome unos minutos para escribir lo que descubrió y luego comparta la lista con su cónyuge.

> Las preguntas 7 y 8 son para ser contestadas entre usted y su cónyuge. Luego de contestarlas, quizás podrían compartir con el grupo algún punto que sea apropiado acerca de lo que descubrieron.

8. ¿En qué maneras ha afectado su matrimonio el concepto de "cada uno por su lado"?

Esperanza para vencer el egoísmo y el aislamiento

9. Lea Marcos 10:35-45 y observe cómo Jesús lidió con una petición egoísta. ¿Cómo se aplica este pasaje a su relación matrimonial?

10. Lea Filipenses 2:3-4. ¿Cuál es la clave para vencer el egoísmo y el aislamiento según este pasaje?

Conteste la primera parte de la pregunta 11 individualmente. Luego, comparta la respuesta con su cónyuge. Lleguen a un acuerdo como pareja sobre la contestación a la segunda parte de la pregunta.

11. ¿Qué aprendió usted durante esta sesión que les puede ayudar a construir su matrimonio? Mencione una cosa que pueden hacer durante esta semana para construir su matrimonio.

12. Alcanzar la victoria sobre el egoísmo es un proceso que dura toda la vida. El esposo y la esposa necesitan la dirección de la Palabra de Dios para poder lograrlo. ¿Qué puntos importantes puede identificar en el siguiente pasaje que producirán beneficios sólidos en su matrimonio?

"Con sabiduría se edifica una casa,
y con prudencia se afianza;
con conocimiento se llenan las cámaras
de todo bien preciado y deseable."

(Proverbios 24:3-4)

La Escritura provee la sabiduría, la prudencia y el conocimiento que usted necesita para construir un matrimonio donde se ve manifiesta la unidad y la armonía en lugar del aislamiento. Las próximas seis sesiones de este estudio exploran el plan que se encuentra en la Palabra de Dios para construir su hogar. ¡El poder descubrir y aplicar estas verdades tendrá como resultado un hogar que es construido y lleno de "todo bien preciado y deseable"!

Principio del Constructor del Hogar:
Según se comprometa con Dios, se niegue a sí mismo y obedezca la Palabra de Dios, podrá experimentar intimidad en su matrimonio y logrará construir una relación matrimonial que honre a Dios.

RESUMEN   15 MINUTOS

Lo opuesto del egoísmo es el sacrificio, la humildad y la generosidad. Al cerrar esta sesión, usted tendrá la oportunidad de poder ayudar a su cónyuge. Tome un minuto para escribir algo que usted va a hacer, o va a dejar de hacer, por su cónyuge para serle de ayuda durante la próxima semana. Por ejemplo, usted puede escoger no hacer las actividades normales de su día libre para hacer algo con su cónyuge. Luego de escribirlo, comparta con su cónyuge lo que van hacer el uno por el otro.

Para terminar esta sesión, concluya en oración luego de completar la sección del Resumen. Puede hacerlo orando como grupo o cada pareja tomando tiempo para orar juntos. Asegúrese que cada pareja "Haga una Cita" para completar el Proyecto de Constructores del Hogar.

SESION UNO • VENCIENDO EL AISLAMIENTO

Haga una Cita

Planifique un tiempo con su cónyuge para completar juntos el Proyecto de Constructores del Hogar antes de la próxima sesión. El líder del grupo le pedirá que comparta algo de esta experiencia en la próxima reunión.

FECHA

HORA

LUGAR

PROYECTO   60 MINUTOS

Como Pareja [10 minutos]

Antes de trabajar en este proyecto, tome unos minutos para compartir sobre su día, contestando las siguientes preguntas:
- ¿Qué fue lo mejor que te pasó hoy?

- ¿Qué fue lo peor que te pasó hoy?

- ¿Qué fue lo más gracioso que te pasó hoy?

Individualmente [20 minutos]

1. Piense en algún momento en particular en el cual usted se ha sentido muy cerca de su cónyuge.

2. ¿Qué contribuyó a este sentimiento de cercanía?

3. Piense en alguna ocasión en la cual el egoísmo haya disminuido la cercanía entre usted y su cónyuge.

4. ¿Cómo sería su relación matrimonial si ustedes vivieran de una manera no egoísta? ¿Qué cambios se requieren de usted para que esto ocurra?

5. Lea 1Pedro 3:8-12. De acuerdo a este pasaje, ¿Cuáles son algunas cosas que usted debe hacer cuando considera que su cónyuge es egoísta?

6. Mencione una cosa que usted hará durante esta semana para demostrar una actitud no egoísta hacia su cónyuge.

Interacción entre la Pareja [30 minutos]
1. Compartan sus respuestas a las preguntas de la sección anterior.

2. A nadie le gusta que le señalen cuando está siendo egoísta. Su matrimonio se puede beneficiar grandemente si usted aprende a cómo comunicarle a su cónyuge cuando considera que él o ella está siendo egoísta. Comparta un par de maneras en las cuales a usted le gustaría que su cónyuge le ayudase a tratar con el egoísmo.

3. Lean juntos la historia que Jesús narró en Mateo 7:24-27, y discutan cómo se relaciona esta parábola con la construcción de su matrimonio.

4. Concluyan su tiempo juntos en oración, orando el uno por el otro.

Recuerde llevar su agenda a la próxima reunión para que Haga una Cita.

Sesión Dos

Creando la Unidad Matrimonial

La unidad matrimonial se alcanza a medida que tanto el esposo como la esposa obedezcan a Dios y trabajen juntos para construir su hogar utilizando el mismo diseño y plan para edificarlo: La Biblia.

P R E P A R A C I O N   15   M I N U T O S

La casa de los sueños

Rompa una hoja de papel en la mitad. Individualmente, tomen dos o tres minutos para dibujar un plano de su "casa de los sueños"— esto es, la casa que a usted le gustaría construir si pudiese hacerlo. Luego que termine de hacer su dibujo, compare su dibujo con el de su cónyuge y conteste las siguientes preguntas:

Cada pareja va a necesitar una hoja de papel para hacer este ejercicio.

- ¿En qué se parecen sus planos?

- ¿Cuáles son las diferencias más marcadas?

Si alguna pareja nueva se ha unido al grupo, asegúrese que pasa los libros alrededor del grupo para que cada pareja escriba en el espacio que se provee sus nombres, sus números de teléfono y dirección de correo electrónico (si tienen una).

- ¿Cómo compara este ejercicio a la relación matrimonial?

Cuando cada pareja haya terminado de contestar las preguntas anteriores, comparta con el grupo los resultados de la comparación del ejercicio, con la relación matrimonial.

Compartiendo sobre el Proyecto

Si usted completó el proyecto de la primera sesión, comparta con el grupo algo que descubrió.

PLAN   60 MINUTOS

En la primera sesión, vimos cómo el egoísmo conduce al aislamiento de los cónyuges dentro de la relación matrimonial. En esta sesión, examinaremos la necesidad de que ambos cónyuges utilicen el mismo diseño y plan al lanzarse a la tarea de construir su matrimonio. Consideremos lo que dice la Biblia para descubrir el diseño de Dios para reemplazar el aislamiento con unidad.

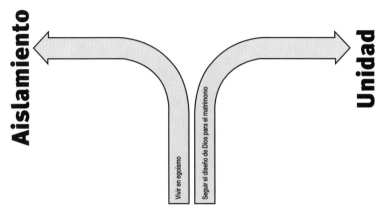

Vivir en egoísmo conduce al aislamiento, mientras que seguir el diseño de Dios para el matrimonio produce unidad.

Los beneficios de la unidad

1. Lea el Salmo 133:1 y Eclesiatés 4:9-12. ¿Qué indican estos pasajes acerca de los beneficios de la unidad en una relación?

2. ¿De acuerdo a su propia experiencia, cuáles son otros beneficios que usted recibe al lograr la unidad con su cónyuge?

> Si su grupo es grande, conteste las preguntas de la sección del Plan en grupos más pequeños de seis personas. A menos que se indique lo contrario, conteste las preguntas en su grupo pequeño. Luego de terminar cada sección, compartan las respuestas con el grupo completo.

Alcanzando la unidad

3. ¿Cómo define usted "unidad" en el matrimonio?

4. ¿Qué dice la sociedad acerca de cómo se construye unidad en la relación matrimonial?

5. ¿De qué elementos carece la enseñanza secular sobre los modos de alcanzar unidad? ¿Cuán importantes son estos elementos?

6. Lea Filipenses 2:1-2. En este pasaje, el apóstol Pablo habla del asunto de la unidad entre los cristianos. ¿Cómo puede usted aplicar estos principios a su relación matrimonial?

7. ¿En qué ocasión su cónyuge y usted no han tenido el mismo "punto de vista" en cuanto a algún asunto en particular? ¿Cuál fue el resultado de esto?

> **Principio del Constructor del Hogar:**
> *La unidad en el matrimonio requiere completa unidad entre los cónyuges.*

Los propósitos de Dios para el matrimonio

8. Cada pareja debe escoger uno de los pasajes a continuación. (Más de una pareja puede escoger el mismo pasaje si su grupo tiene más de tres parejas.)
- Génesis 1:27
- Génesis 1:28
- Génesis 2:18

Lea su versículo y comparta qué relación tiene ese pasaje con los propósitos de Dios para el matrimonio. Tomen turnos compartiendo con el grupo su pasaje bíblico y algún punto que haya descubierto en cuanto a los propósitos de Dios para el matrimonio.

> **Principio del Constructor del Hogar:**
> *Para lograr alcanzar unidad, ambos necesitan estar de acuerdo en su compromiso con los propósitos de Dios para el matrimonio.*

9. ¿Cómo puede usted aplicar los pasajes bíblicos que acaban de discutir a su relación matrimonial?

10. ¿Cuán bien refleja su relación matrimonial la imagen y los atributos de Dios a aquéllos que le observan? Como pareja, evalúe la siguiente tabla y otorgue el número uno (1) como calificación más baja y diez (10) como calificación más alta, en cuanto a las relaciones y áreas que se describen. Describa también algunas maneras en que usted puede demostrar estas características.

Reflejamos...	el uno con el otro	hacia nuestras familias	hacia otros
...el amor perfecto de Dios hacia personas imperfectas;			
...la compasión de Dios sirviendo para suplir las necesidades;			
...el compromiso de Dios ofreciendo apoyo y paciencia;			
...la paz de Dios al resolver conflictos;			

Evalúe con su cónyuge aquellas áreas en las que demuestran bastante bien la imagen y atributos de Dios y aquellas en las que necesitan mejorar. Describa uno o dos pasos a tomar que le podrán ayudar a reflejar mejor la imagen de Dios a otros y a modelar Sus atributos dentro de su relación matrimonial.

11. Comparta con el grupo algo que descubrió durante este ejercicio.

RESUMEN   15 MINUTOS

Comparta con el grupo algo que usted realmente aprecia de su cónyuge. Luego que cada persona haya compartido con el grupo, pueden escoger tomar otro turno para hacer el mismo ejercicio. Luego de terminar el ejercicio, compartan peticiones de oración de cada pareja o peticiones individuales y concluyan su tiempo en oración como grupo.

Haga una Cita

Planifique un tiempo con su cónyuge para completar juntos el Proyecto de Constructores del Hogar antes de la próxima sesión. El líder del grupo le pedirá que comparta algo de esta experiencia en la próxima reunión.

FECHA

HORA

LUGAR

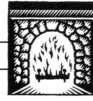

PROYECTO   60 MINUTOS

Como Pareja [10 minutos]

Comience su cita tomando un tiempo para dar un paseo juntos. Mientras se encuentran en su paseo, traigan a la memoria aquellos lugares que ustedes solían frecuentar en sus citas durante el noviazgo.

Individualmente [20 minutos]

1. ¿Cuál diría usted es el propósito que tiene su matrimonio?

2. ¿Qué diría su mejor amigo que parece ser el propósito de su matrimonio, basado en las observaciones que él ha hecho sobre su hogar?

3. ¿En qué aspecto de la unidad parece ser que su matrimonio está teniendo éxito?

4. ¿En qué aspecto de la unidad parece ser que su matrimonio necesita mejorar?

5. ¿Cuán similares son los valores y las metas que ustedes comparten en su relación matrimonial? Utilice la escala del uno (bajo) al diez (alto) para clasificar cada área.

6. ¿Cuáles son algunas cosas específicas que usted puede hacer para promover la unidad en su matrimonio?

Interacción entre la Pareja [30 minutos]

1. Compartan sus respuestas a las preguntas anteriores.

2. Pónganse de acuerdo en cuanto a los pasos a tomar y cómo implementarlos.

3. Concluyan su tiempo juntos en oración el uno por el otro, pidiéndole a Dios que les ayude a lograr seguir Su diseño para la relación matrimonial.

Recuerde traer su agenda a la próxima sesión para que Haga una Cita.

Sesión Tres

Recibiendo a Su Cónyuge

La unidad en el matrimonio requiere que usted reciba a su cónyuge como la perfecta provisión de Dios para sus necesidades.

PREPARACION   15 MINUTOS

"Lo que me gusta es..., y a ti, ¿qué te gusta?"
¿Dónde se colocaría usted en la gráfica linear imaginaria dentro de cada una de las siguientes seis categorías? ¿Cómo ve a su cónyuge? ¿Cómo lo ve su cónyuge a usted? Coloque una Y (Yo) donde usted se vea en el espectro de dicha categoría y C (Cónyuge) donde vea a su cónyuge. Cuando termine, compare sus resultados con los de su cónyuge. Luego, comparta con el grupo cuál fue la categoría en la cual coincidieron en los resultados, o en la que no coincidieron.

• MUSICA
Clásica ──────────────────────── Contemporánea

• PELICULAS CINEMATOGRAFICAS
Comedias ──────────────────────── Dramas

(las categorías continuan en la página 38)

• HABITOS ALIMENTICIOS

Nutrición _____ Nutrición
balanceada   pobre

• FINANZAS

"No puedes llevarte_____ "Dinero que uno ahorra,
nada contigo."   dinero que uno gana"

• VACACIONES

Caminar, caminar, _____ Detenerse,
caminar   relajarse

• TECNOLOGIA

Conectado ———————————————————— Desconectado

Compartiendo sobre el Proyecto

Comparta con el grupo algo que descubrió al hacer el proyecto de la sesión anterior.

PLAN   60 MINUTOS

Hemos visto cómo el egoísmo lleva al aislamiento de los cónyuges dentro de la relación matrimonial, sin embargo, el seguir el diseño de Dios conduce a la unidad matrimonial. Ahora vamos a estudiar sobre la importancia de recibir al cónyuge como el regalo especial de Dios para su vida.

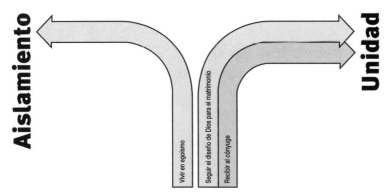

Recibir a su cónyuge como un regalo de Dios promueve la unidad en el matrimonio.

En Génesis 2:18-24, encontramos la historia familiar de Adán y Eva. Nuestra familiaridad con pasajes de la Escritura como éstos nos puede impedir muchas veces que podamos discernir verdades profundas que allí se encuentran. Veamos cómo este pasaje nos puede ayudar a aceptar completamente a nuestro cónyuge como la provisión de Dios para nuestra vida.

Nuestra necesidad de un cónyuge

Lea Génesis 2:18-20

1. ¿Qué necesidad creó Dios en Adán? ¿Cómo compara la necesidad de Adán con la nuestra?

2. ¿Por qué considera usted que Dios creó a Adán con la necesidad de recibir ayuda?

La provisión de Dios para nuestra necesidad

Lea Génesis 2:21-22

3. ¿Cómo fue que Dios creó a Eva? Sea específico.

4. ¿Por qué cree usted que Dios escogió crear a Eva de esta manera?

Nuestra respuesta a la provisión de Dios

Lea Génesis 2:23-24
5. ¿Cómo cree usted que Adán se sintió cuando vió a Eva por primera vez?

6. ¿Cómo pudieron reconocer Adán y Eva que ellos fueron hechos el uno para el otro?

> **Principio del Constructor del Hogar:**
> *Usted puede aceptar a su cónyuge completamente por medio de la fe y la confianza en el carácter e integridad de Dios*

Usted y su cónyuge

7. ¿En qué maneras la cultura moderna estimula el que usted viva completamente independiente de su cónyuge?

Si su grupo es grande, conteste las preguntas 7 a la 9 en grupos más pequeños de seis personas. Luego de terminar de contestar las preguntas en su grupo pequeño, compartan las respuestas con el grupo completo.

8. ¿Cuáles son algunas razones por las cuales muchas personas rechazan a su cónyuge en lugar de aceptarle?

9. Considere los resultados de no recibir a su cónyuge. ¿Qué ha observado usted en la relación matrimonial de aquellas parejas que deciden no aceptar a su cónyuge como la provisión de Dios para sus necesidades?

10. Si usted realmente recibe a su cónyuge como la provisión de Dios para su vida, ¿Cómo afectaría esto su actitud hacia las debilidades que posee su cónyuge?

> Las preguntas 11 y 12 son para ser contestadas entre usted y su cónyuge. Luego de contestarlas, quizás podrían compartir con el grupo algún punto que sea apropiado acerca de lo que descubrieron.

11. ¿En qué maneras usted necesita a su cónyuge? ¿En qué forma esto ha cambiado desde que se casaron?

12. ¿Cuáles son algunas diferencias entre usted y su cónyuge que Dios utiliza para que se complementen mutuamente?

Principio del Constructor del Hogar:
Un matrimonio que honra a Dios no es aquél donde los cónyuges son perfectos, sino aquél que permite que la aceptación y el amor perfecto de Dios fluya a través de una persona imperfecta—usted—hacia otra persona imperfecta— su cónyuge.

R E S U M E N   15 M I N U T O S

Individualmente, enumere en un minuto todas las maneras en que usted piensa que su cónyuge le ha sido de ayuda durante la semana pasada. Cuando pase un minuto, intercambie la lista con su cónyuge. Todos los miembros del grupo deben compartir una cosa de la lista que recibió.

Para un Impacto Adicional

Cada pareja en el grupo debe tener en su mano una herramienta que se utiliza comunmente alrededor de la casa (como un par de tijeras, un alicate, un abridor de latas manual, etc.) Tome un minuto para estudiar su herramienta y escriba en un papel sus observaciones en cuanto a la función específica de la herramienta y qué la hace única. Luego, como grupo, discutan las siguientes preguntas:
- ¿Qué observaciones hizo usted?
- ¿Cómo compararía usted la relación matrimonial a estas herramientas?

Herramientas: Para ilustrar la importancia de poder lograr alcanzar la unidad matrimonial, haga este ejercicio.

S E S I O N T R E S • R E C I B I E N D O A S U C O N Y U G E   **43**

Haga una Cita

Planifique un tiempo con su cónyuge para completar juntos el Proyecto de Constructores del Hogar antes de la próxima sesión. El líder del grupo le pedirá que comparta algo de esta experiencia en la próxima reunión.

FECHA

HORA

LUGAR

PROYECTO   60 MINUTOS

Como Pareja [5 minutos]

Para comenzar su cita, busquen su álbum de bodas o fotografías de su boda y tomen unos minutos para revivir recuerdos de ese día. Según vayan mirando las fotos, compartan sobre cómo se sentían en ese momento.

Individualmente [30 minutos]

Este proyecto es muy especial. Necesita escribir una carta de amor a su cónyuge. Escriba esta carta en una hoja de papel por separado, y utilice como bosquejo las preguntas que se encuentran en la sección de "Carta de Amor" de esta sesión. Antes de comenzar a escribir su carta, pase unos minutos en oración y utilice las preguntas a continuación como guía.

Tiempo de oración

1. Confiese a Dios todo pecado de rechazo, emocional o físico, y resentimiento que pueda sentir hacia su cónyuge. Déle gracias a Dios por su perdón por medio del sacrificio de Jesucristo.

> *"Si confesamos nuestros pecados,*
> *El es fiel y justo para perdonarnos los*
> *pecados y para limpiarnos de toda maldad."*
> (1 Juan 1:9).

2. Comprométase con Dios, por fe, a recibir a su cónyuge utilizando como fundamento la integridad y soberanía de Dios. Asegúrese que pone este compromiso por escrito en su carta de amor.

3. Comprométase con Dios a confiarle las debilidades de su cónyuge y a amar a su cónyuge con el amor incondicional de Jesucristo (el cual no depende del desempeño de la persona). Asegúrese que pone este compromiso por escrito en su carta de amor.

Carta de Amor

1. ¿Cuáles fueron las cualidades que me atrajeron a ti cuando te conocí?

2. ¿Te acepto tal y como eres? ¿Qué cosas no he aceptado de ti todavía?

3. ¿Me aceptas tú tal y como soy? ¿Qué áreas considero que todavía no aceptas de mi persona? ¿Cómo me hace sentir esto?

Interacción entre la Pareja [25 minutos]

1. Intercambien las cartas entre sí. (Quizás usted desee leer la carta que recibe en voz alta o su cónyuge desee leerle su carta en voz alta.)

2. Compartan sobre lo que aprendieron al leer las cartas.

3. Comparta con su cónyuge sobre el compromiso que hizo con Dios en su tiempo de oración.

4. Concluyan su tiempo juntos en oración, tomando turnos para darle gracias a Dios el uno por el otro.

Recuerde traer su agenda a la próxima sesión para que Haga una Cita.

Sesión Cuatro

Construyendo una Relación

El llegar a ser uno requiere que la pareja construya su matrimonio mediante el proceso de dejar a sus padres, de unirse a su cónyuge y de ser una sola carne.

PREPARACION   15 MINUTOS

Una unión hecha en el Paraíso

Divida el grupo en dos: damas y caballeros. Cada grupo debe escribir una lista de cosas que consideran que hicieron del matrimonio de Adán y Eva, uno muy bueno. Por ejemplo, "No tuvieron que enfrentarse al dilema de con qué familia iban a pasar la Nochebuena o el Día de Navidad." ¡Diviértanse con este ejercicio!

Luego de unos minutos, vuelva a reunir el grupo y contesten las siguientes preguntas:
- ¿En qué maneras se parecen las listas?

- ¿En qué maneras son diferentes las listas?

- ¿Qué descubrimiento hicieron durante la discusión?

Compartiendo sobre el Proyecto

Comparta con el grupo algo significativo que descubrió al hacer "La Carta de Amor" del proyecto de la sesión anterior.

En la sesión pasada, estudiamos sobre cómo recibir a nuestro cónyuge como la provisión de Dios para nuestras necesidades. En esta sesión examinaremos las fases que se requieren para lograr construir una relación matrimonial.

El plan de Dios para el matrimonio requiere el proceso de dejar, unirse y ser una sola carne.

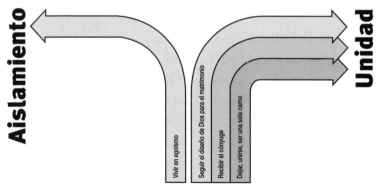

El Plan de Dios para el matrimonio requiere el proceso de dejar, unirse y ser una sola carne.

El plan de Dios para construir un matrimonio que honre a Dios es un proceso que toma toda una vida y que requiere tres fases. Encontramos estas fases descritas en el siguiente versículo en el libro de Génesis:

> *"Por tanto el hombre dejará a*
> *su padre y a su madre y se unirá a su mujer,*
> *y serán una sola carne."*
> (Génesis 2:24)

Un error que cometemos a menudo en el matrimonio es asumir que estas fases se alcanzan automáticamente al casarse. El mandamiento de dejar a los padres, unirse al cónyuge y ser una sola carne no es tan sólo para los recién casados. Esta sesión nos demostrará que cada fase requiere un proceso que dura toda la vida para poder lograr alcanzar y mantener una relación donde exista la sinceridad y la confianza.

Primera Fase: Dejar

Divida el grupo en grupos más pequeños de seis personas. Si su grupo tiene seis personas o menos, permanezcan en un mismo grupo. Escoja una persona para narrar cada parte del siguiente Caso de Estudio (Narrador, José y Rosa). Luego de leer el Caso de Estudio, escoja a una persona que sirva de portavoz del grupo pequeño para que comparta las respuestas a las preguntas con el grupo completo.

Caso de Estudio

Narrador: Luego de José y Rosa haber vivido alquilando un apartamento pequeño por un tiempo, decidieron que era tiempo de adquirir una casa propia. Ella estaba embarazada de su segundo hijo y necesitaban tener un poco más de espacio para acomodar mejor a su familia. La casa que decidieron comprar costaba un poco más de lo que tenían en su presupuesto, pero los padres tanto de José como de Rosa les completaron el dinero para que pudiesen comprar la casa.

José se sentía muy complacido con su nueva casa hasta que poco después de mudarse recibió una noticia que lo perturbó grandemente. Los papás de Rosa habían decidido vender la casa donde vivían para comprar la casa que quedaba próxima a la de José y Rosa. Rosa estaba muy contenta con la noticia y no podía entender la preocupación que sentía José. José pensaba que la mamá de Rosa era un poco dominante y que quizás esto les podía traer problemas.

Rosa: Mis papás se sienten solos en la casa donde viven. Ahora los podremos ver más a menudo y además, mamá puede ayudarnos con los niños.

José: ¡Pero si de todas maneras, tú los ves todos los días! Tú sabes que yo aprecio mucho a tus papás, pero necesitamos tener una vida propia como familia. Con ellos tan cerca va a ser como si ellos todavía estuvieran a cargo de nuestras vidas. Tu mamá va a estar dando su opinión todo el tiempo y diciéndonos cómo criar a nuestros hijos.

Rosa: Lo único que mi mamá hace es ayudarnos semana tras semana. Yo no observé que tuvieses ningún problema la semana pasada cuando ella se ofreció a cuidar a nuestro hijo para que nosotros pudiésemos salir.

José: Sí, tienes razón, y después tuve que escucharla decirme todo lo que ella consideraba que yo estaba haciendo mal con nuestro hijo. El que la oye piensa que ella nunca cometió errores cuando tenía nuestra edad.

Rosa: Ella es una madre, José. Tú sabes cómo es.... Los padres no pueden dejar de dar consejos sólo porque ya los hijos no están viviendo con ellos. Probablemente, nosotros haremos lo mismo cuando nos toque el turno, ya verás. Aparte de eso, yo no te veo a ti haciéndole frente a tu papá cuando nos presiona para que pasemos la Nochebuena con ellos todos los años.

José: Eso es completamente distinto.

Rosa: Yo no creo que es distinto. Tú dices que necesitamos tener nuestra propia vida como familia, pero yo no te veo a ti decirle eso a tus padres. Yo no veo que te mantengas firme cuando ellos tratan de manipularnos para que nos sintamos culpables si deseamos crear nuestras propias tradiciones como familia.

José: Tú no tienes idea de lo difícil que es hacerle frente a papá.

Rosa: Sí, yo sé cuán difícil es. Ese es exactamente mi punto. Si vamos a hablar de "vivir nuestras propias vidas", tenemos que considerar todos los ángulos del asunto y no tan sólo enfocar en mis padres.

1. ¿Cuáles son algunos de los errores que las personas en la historia anterior están cometiendo?

2. ¿Cuál considera usted que debe ser el próximo paso que José y Rosa deben tomar?

3. ¿Qué ocurre en la relación matrimonial cuando:
- los padres están demasiado apegados a los hijos?

- un cónyuge es más dependiente de sus padres que de su pareja?

4. En Efesios 6:2 dice, "Honra a tu padre y a tu madre". ¿Cómo puede usted honrar a sus padres a la misma vez que mantiene una distancia saludable de ellos?

Segunda Fase: Unirse

Conteste la pregunta 5 en grupos más pequeños. Luego de que discutan la respuesta entre sí, procedan a compartirla con el grupo completo.

5. Génesis 2:24 habla de que el hombre "se unirá a su mujer". ¿Qué relación existe entre dejar a los padres y unirse a su cónyuge?

6. ¿Cuál fue uno de los retos más difíciles que usted enfrentó en los comienzos de su matrimonio?

7. ¿Cómo afectó este reto el compromiso del uno hacia el otro?

Las preguntas 6 y 7 son para ser contestadas entre usted y su cónyuge. Luego de contestarlas, quizás podrían compartir con el grupo algún punto que sea apropiado acerca de lo que descubrieron.

Tercera Fase: Ser una sola carne

8. El tercer paso para lograr construir un matrimonio que honre a Dios es "ser una sola carne"—esto es, establecer intimidad con nuestro cónyuge. ¿Por qué es tan importante que seamos "una sola carne" para lograr la unidad en la relación matrimonial?

Conteste la pregunta 8 en grupos más pequeños. Luego, deben compartir sus respuestas con el grupo completo.

9. Escriba en una lista dos o tres momentos especialmente románticos que usted ha experimentado junto a su cónyuge. Luego, comparta la lista con su cónyuge.

> **Principio del Constructor del Hogar:**
> Una relación matrimonial que honra a Dios es aquella que logra experimentar unidad al establecer el dejar, el unirse y el ser una sola carne.

El Resultado: Desnudos y no se avergonzaban

10. Génesis 2:25 nos dice que: "y estaban ambos (esposo y esposa) desnudos y no se avergonzaban". ¿Cuál es el significado de esto? ¿Cómo refleja esto un cuadro de unidad en el matrimoinio?

RESUMEN   15 MINUTOS

Como pareja, escoja una de las siguientes preguntas. Luego comparta su respuesta con el grupo.

- Dejar: ¿Qué área en su relación con sus padres disfruta de una separación saludable?
- Unirse: ¿Qué experiencia han vivido ustedes últimamente que les ha acercado más como pareja?
- Ser una sola carne: Mencione una cita romántica que ustedes hayan tenido como pareja. (Puede hacer referencia a la pregunta 9 de la sección del Plan.)

Haga una Cita

Planifique un tiempo con su cónyuge para completar juntos el Proyecto de Constructores del Hogar antes de la próxima sesión. El líder del grupo le pedirá que comparta algo de esta experiencia en la próxima reunión.

FECHA

HORA

LUGAR

PROYECTO   60 MINUTOS

Como Pareja [10 minutos]
Planifique una cita amorosa bien especial. Dialoguen sobre el lugar que van a escoger ir o algo en específico que les gustaría hacer juntos. Compartan ideas de cómo hacer de esta cita una muy romántica. Puede obtener algunas ideas recordando citas amorosas en el pasado que hayan sido especiales y que hayan dejado una memoria muy grata en ustedes. Considere los detalles que propiciaron que dicha cita fuese memorable y trate de incorporarlas.

Individualmente [25 minutos]

Dejar

1. Utilice la tabla a continuación para evaluarse a sí mismo en cada área en cuanto a "dejar" a sus padres.

```
1 - Independiente de los padres
2 - Dependiente en alguna manera a los padres
3 - Neutral
4 - Bastante dependiente a los padres
5 - Dependiente totalmente a los padres
```

1	2	3	4	5	Dependencia financiera
1	2	3	4	5	Dependencia social
1	2	3	4	5	Dependencia emocional
1	2	3	4	5	Aceptación y aprobación

2. ¿En qué área de "dejar a los padres" necesita trabajar más arduamente? ¿Cuáles son las maneras en que puede lograrlo?

Unirse

3. Conteste las siguientes preguntas, (S) para sí y (N) para no.

S N   Durante los últimos años, no he amenazado a mi cónyuge conque me voy a ir y dejarle.

S N Mi cónyuge se siente seguro de mi compromiso hacia nuestro matrimonio.

S N Estoy más comprometido/a con mi cónyuge que con mi vocación.

S N Mi cónyuge sabe que estoy más comprometido/a con nuestra relación matrimonial que con mi vocación.

S N Estoy más comprometido/a con mi cónyuge que con mis amistades y pasatiempos.

S N Luego de un conflicto, no me retiro emocionalmente de mi cónyuge por un periodo largo de tiempo.

S N Por regla general, no acostumbro abandonar a mi cónyuge emocionalmente por estar preocupado/a con otros asuntos.

S N Me interesan las necesidades de mi cónyuge y procuro llenar dichas necesidades de manera activa e intencional.

4. Repase sus respuestas y determine en qué maneras usted puede demostrar un compromiso mayor hacia su cónyuge.

5. Escriba en una lista algún área que usted necesita pedir a su cónyuge que le perdone, y que ha descubierto luego de haber hecho este ejercicio.

Ser una sola carne

6. ¿Qué medio ambiente propicia el que usted pueda compartir íntimamente con su cónyuge?

7. ¿Cómo pueden ustedes mejorar la intimidad que comparten?

8. ¿Qué disfruta usted más de su intimidad sexual?

9. Aparte de la relación física, ¿En qué otras maneras usted es una sola carne con su cónyuge?

Interacción entre la Pareja [25 minutos]

1. Repasen el ejercicio de "Dejar" y compartan sus respuestas a las preguntas.

2. Discutan maneras en las que ambos pueden ofrecerse apoyo mutuo.

3. Compartan sus respuestas individuales a las preguntas 4 y 5 del ejercicio de "Unirse".

4. Compartan sus respuestas a todas las preguntas de la sección de "Ser una sola carne".

5. Trabajen juntos para identificar una o dos cosas que van a hacer durante la próxima semana como respuesta a la discusión anterior.

6. Concluyan su tiempo juntos en oración.

Recuerde traer su agenda a la próxima sesión para que Haga una Cita.

Sesión Cinco

Completándose Mutuamente

Dios desea que tanto el esposo como la esposa asuman responsabilidades bíblicas en su relación matrimonial.

PREPARACION   15 MINUTOS

"Por favor, explíqueme ese 'papel'"

Lea la siguiente lista de tareas que a menudo se desempeñan en un hogar y coloque una (Y) al lado de las tareas que usted hace, (C) al lado de las que hace su cónyuge y (D) al lado de aquéllas que los dos comparten. Si una de las tareas que se encuentran a continuación no se aplica, coloque una (X) al lado de ella.

____ Sacar la basura
____ Hacer la cama
____ Preparar la cena
____ Limpiar el garaje donde guarda el automóvil
____ Empapelar las paredes-decorar
____ Mantener el auto(s)
____ Lavar los platos
____ Hacer encargos (ir al correo, al banco, a la lavandería, etc.)
____ Lavar la ropa
____ Cuidar del patio y jardines

____ Limpiar el baño
____ Pagar las cuentas
____ Hacer reparaciones generales en la casa
____ Ir de compras al colmado
____ Pasar la aspiradora
____ Pintar el interior de la casa
____ Sacudir el polvo
____ Pintar el exterior de la casa
____ Recoger la mesa luego de comer
____ Conducir el automóvil (cuando se encuentran juntos)

Luego de que todo el grupo termine de colocar las letras correspondientes a cada tarea, conteste las siguientes preguntas:
- ¿Cuál es el total de tareas que tienen la letra Y? ¿Cuál es el total de tareas que tienen la letra C?

- Considerando la lista anterior, ¿Qué tareas, si alguna, son hechas exclusivamente por el hombre o la mujer? ¿Por qué considera usted que esto ocurre así? ¿Cómo se siente usted al respecto?

- ¿Qué le indica este ejercicio sobre la relación matrimonial?

Compartiendo sobre el Proyecto

Comparta con el grupo algo que descubrió al hacer el proyecto de la sesión anterior.

P L A N   60 MINUTOS

La unidad en el matrimonio se alcanza cuando una pareja sigue el diseño de Dios para el matrimonio, acepta al cónyuge como un regalo de Dios, y construye su relación dejando a sus padres, uniéndose a su cónyuge y llegando a ser una sola carne. En esta sesión vamos a estudiar los patrones que son esenciales para convertirse en un esposo y una esposa que honran a Dios en su vida matrimonial. Según podamos comprender los roles y funciones que Dios ha diseñado para ambos, podremos lograr la unidad en la relación matrimonial.

Para completar la sección del Plan, usted necesita dividir el grupo en dos; uno para los caballeros y otro para las damas. La sección a cubrir por los caballeros comienza en la página 62 y para las damas en la página 65.

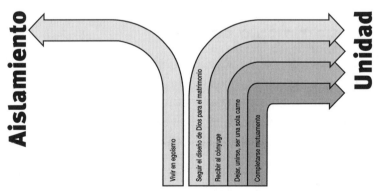

Una manera de alcanzar la unidad es completándose mutuamente—esto se logra al cumplir las responsabilidades bíblicas para el esposo y la esposa.

SESION CINCO • COMPLETANDOSE MUTUAMENTE

Una nota especial: En esta sesión se va a tratar con el "núcleo de las funciones" del esposo y la esposa. Por consiguiente, no se verá reflejada una descripción completa de estilos de vida o tareas específicas. Las responsabilidades que se describen en esta sesión no son una descripción de la totalidad de la vida de una persona, sino un foco alrededor del cual la persona puede desarrollar distintos intereses y actividades. Naturalmente, toda clase de vocación, recreación, y ministerio se verá reflejado de distinta manera en cuanto se refiere a intensidad e importancia, dependiendo de los individuos y la etapa en la vida en que ellos se encuentren.

Plan para el esposo

En esta sesión no va a ser posible cubrir todas las preguntas que surjan con relación a los roles y funciones de los cónyuges. Nuestra meta es ayudarle a desarrollar una descripción bíblica del esposo, basado en lo que la Biblia dice.

El matrimonio de hoy

1. En nuestra cultura actual, se escuchan muchas voces que nos quieren dictar cómo deben actuar el hombre y la mujer de hoy en día. ¿Qué le están diciendo estas voces culturales a los hombres que deben hacer para lograr tener éxito en el matrimonio? ¿Qué le están diciendo a las mujeres?

2. ¿De qué manera han cambiado los roles y funciones de los cónyuges durante las pasadas décadas? ¿Cómo han fortalecido estos cambios la relación matrimonial? ¿Cómo la han debilitado?

Responsabilidades Bíblicas

3. Lea Efesios 5:21-33. ¿Cuál es su reacción inicial al leer este pasaje?

4. ¿Cúales son los estándares que este pasaje le otorga al esposo? ¿Y a la esposa? ¿Qué piensa usted de estos estándares?

5. ¿Por qué considera usted que en este pasaje Pablo instruye repetidamente a los esposos a que amen a sus mujeres? ¿Qué significa que un esposo ame a su mujer "como Cristo amó a la iglesia? ¿De qué manera afectaría su relación matrimonial esta clase de amor?

6. ¿Qué piensa usted que Efesios 5:23 quiere decir cuando se refiere a Cristo como "cabeza de la iglesia"? ¿Cómo compara el que Cristo sea "cabeza de la iglesia" con que el esposo sea "cabeza de la mujer"?

7. Tomando a Cristo como modelo, ¿Cómo se relacionan los siguientes pasajes bíblicos a usted como esposo?
- Marcos 10:42-45

- Juan 13:1-5; 12-17

- Juan 15:12-13

- 1 Corintios 13:4-7

- 1 Juan 3:16-18

8. ¿Tiende usted a ser pasivo o dictatorial en su hogar? ¿Cuál debe ser su meta, tomando a Cristo como modelo?

9. Escriba en el espacio que se provee, una descripción de su función como esposo, tomando en consideración lo estudiado y discutido anteriormente. Comparta esta descripción con los demás caballeros en el grupo.

> **Principio del
> Constructor del Hogar para el Esposo:**
> *Para poder honrar a Dios en su relación matrimonial, usted necesita proveer dirección sirviendo a su esposa (actitud de siervo-líder), y necesita amarla como Cristo ama a la iglesia.*

Plan para la Esposa

En esta sesión no va a ser posible cubrir todas las preguntas que surjan con relación a los roles y funciones de los cónyuges. Nuestra meta es ayudarle a desarrollar una descripción bíblica de la esposa, basado en lo que la Biblia dice.

El matrimonio de hoy

1. En nuestra cultura actual, se escuchan muchas voces que nos quieren dictar cómo deben actuar el hombre y la mujer de hoy en día. ¿Qué le están diciendo estas voces culturales a las mujeres que deben hacer para lograr tener éxito en el matrimonio? ¿Qué le están diciendo a los hombres?

2. ¿De qué manera han cambiado los roles y funciones de los cónyuges durante las pasadas décadas? ¿Cómo han fortalecido estos cambios la relación matrimonial? ¿Cómo la han debilitado?

Responsabilidades Bíblicas

3. Lea Efesios 5:21-33. ¿Cúales son los estándares que este pasaje le otorga a la esposa? ¿Y al esposo? ¿Qué piensa usted de estos estándares?

4. ¿Qué piensa usted que Efesios 5:23 quiere decir cuando menciona que el marido "es cabeza de la mujer"? ¿Por qué considera usted que Pablo se dirige a las esposas de esta manera?

5. Si su marido realmente le amara "como Cristo amó a la iglesia," ¿Qué efecto tendría esto en su relación matrimonial?

6. ¿Cómo se afectaría su matrimonio si usted se "sujetase a su esposo como al Señor"?

7. En Efesios 5:33b dice "y la mujer respete a su marido". ¿Qué piensa usted que esto quiere decir? ¿Cómo se demuestra el "respeto"?

8. Lea los siguientes pasajes en la Escritura. ¿Cómo se relacionan estos pasajes a usted como esposa?
- Proverbios 31:10-31

- 1 Corintios 11:11-12

- Gálatas 3:26-29

- Tito 2:1-5

- 1 Pedro 3:1-6

9. Escriba una descripción de su función como esposa, tomando en consideración lo estudiado y discutido anteriormente. Comparta esta descripción con las demás damas en el grupo.

**Principio del
Constructor del Hogar para la Esposa:**
Para poder honrar a Dios en su relación matrimonial, usted necesita amar, respetar y apoyar a su esposo.

R E S U M E N		15 M I N U T O S

Vuelva a reunirse con su cónyuge y comparta la descripción de funciones que usted escribió durante la sección del Plan. Luego de compartir entre ustedes, contesten la siguiente pregunta: ¿Cuáles son algunas maneras en las que puedo cumplir con mis roles y funciones durante la próxima semana?

Haga una Cita

Planifique un tiempo con su cónyuge para completar juntos el Proyecto de Constructores del Hogar antes de la próxima sesión. El líder del grupo le pedirá que comparta algo de esta experiencia en la próxima reunión.

FECHA

HORA

LUGAR

P R O Y E C T O      60 M I N U T O S

Como Pareja [10 minutos]
Tome un minuto para recordar algunas de las tareas que usted tenía que realizar cuando era niño. ¿Cuál era la tarea que menos prefería hacer? ¿Por qué?

Repase la lista de tareas de la sección de Preparación de esta sesión y conteste las siguientes preguntas:

- ¿Han cambiado en algo las tareas que usted realizaba al comienzo de su matrimonio? ¿En qué maneras?

- ¿Cuál es la tarea que su cónyuge realiza la cual usted se siente agradecido de no tener hacer?

Individualmente [20 minutos]
9. Comience tomando unos minutos en oración. Pídale a Dios que le enseñe cómo puede usted ser un mejor cónyuge.

2. De manera general, ¿Cómo se siente en cuanto a los roles y funciones que usted y su cónyuge desempeñan en su relación matrimonial?

3. ¿En qué maneras esta sesión ha retado la manera en que usted piensa sobre sus responsabilidades en su matrimonio?

4. Mencione una responsabilidad en específico que usted debería tomar para demostrar amor sacrificial y verdadero hacia su cónyuge.

5. Mencione una responsabilidad que su cónyuge realiza que usted realmente aprecia. ¿Cómo puede mostrar usted ese aprecio hacia su cónyuge?

6. ¿Cuál considera usted que es su responsabilidad más importante en su matrimonio?

Interacción entre la Pareja [30 minutos]

1. Compartan las respuestas a las preguntas de la sección individual.

2. ¿Qué descubrió de su cónyuge como resultado de lo que compartieron en la pregunta anterior?

3. ¿En qué maneras puede usted ser de apoyo a su cónyuge en el desempeño de su rol y función? Sea específico/a.

4. Concluyan su tiempo juntos en oración, dándole gracias a Dios por su cónyuge. Pídale a Dios que le ayude a poder cumplir el compromiso que ha hecho durante esta sesión.

Recuerde traer su agenda a la próxima sesión para que Haga una Cita.

Sesión Seis

Construyendo en el Espíritu

Los cónyuges podrán experimentar unidad verdadera sólo cuando aprendan a vivir por fe, a través del poder del Espíritu Santo.

PREPARACION   15 MINUTOS

La moraleja de la historia
¿Recuerda haber leído cuando niño la historia de los tres cerditos? ¿Cuál era la moraleja de esa historia? Lea la historia que Jesús narró sobre el hombre sabio y el hombre insensato que se encuentra en Mateo 7:24-27.

- ¿Qué similaridad tienen estas dos historias? ¿Cuál es la diferencia clave en la conclusión de cada historia?

- ¿Cuáles son algunos de los fundamentos que muchas personas utilizan para construir su relación matrimonial?

- ¿Cuál debe ser el fundamento que una pareja sabia debe utilizar para construir su relación matrimonial?

Compartiendo sobre el Proyecto

Comparta con el grupo algo que aprendió al hacer el proyecto de la sesión anterior.

Para un Impacto Adicional

Rebotando los globos: Para ilustrar la necesidad que tenemos de lograr un matrimonio que honre a Dios, haga este ejercicio. Usted necesitará para cada pareja dos globos inflados y un bolígrafo marcador.

Pase dos globos y un bolígrafo marcador a cada pareja. Cada persona debe inflar su globo y escribir con el bolígrafo marcador todas las cosas prácticas que ha aprendido en las pasadas cinco sesiones. Cuando todos hayan terminado, tiren los globos inflados al centro del círculo. Traten de mantener todos los globos en el aire como grupo por el mayor tiempo posible. Trate de llevar el tiempo para ver cuánto dura el grupo procurando mantener los globos en el aire. Haga este ejercicio varias veces para ver si pueden mejorar el tiempo anterior como grupo. Cuando hayan terminado el ejercicio, cada persona debe alcanzar el globo inflado que le quede más cerca y proceder a contestar las siguientes preguntas:

- ¿Qué tiene escrito el globo que usted tiene en sus manos?

- ¿Cuán fácil se le hizo mantener todos los globos en el aire?

- ¿Cuán fácil se le hace a hacer todo lo que usted sabe que debe hacer para construir su matrimonio? ¿Por qué es esto?

P L A N   60 MINUTOS

Para que un matrimonio pueda resistir las tormentas de la vida, el maestro de obras tiene que ser Dios. Jesús dijo que era para nuestro beneficio que Él regresaba al Padre, porque el Padre enviaría así al Espíritu Santo (el Consolador, la tercera persona de la Trinidad) para que nos dirigiese, nos enseñase sus caminos, y para darnos la habilidad de representarle frente al mundo. (Vea Juan 14:26) Es esencial que ambos cónyuges se rindan al Espíritu Santo y le permitan dirigirles en todo aspecto de su vida matrimonial.

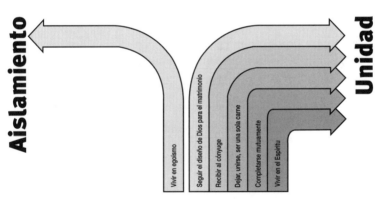

Para que los cónyuges logren alcanzar verdadera unidad, necesitan comprometerse a vivir en el Espíritu

SESION SEIS • CONSTRUYENDO EN EL ESPIRITU

La casa que la naturaleza humana construye

Si su grupo es grande, conteste las preguntas de la sección del Plan en grupos más pequeños de seis personas. A menos que se indique lo contrario, conteste las preguntas en su grupo pequeño. Luego de terminar cada sección, compartan las respuestas con el grupo completo.

1. Lea Romanos 7:18-19. ¿Por qué piensa usted que muchas veces se hace tan difícil hacer lo que está bien?

2. Lea Gálatas 5:16-21. ¿Qué efecto tienen en su relación matrimonial el vivir de acuerdo a sus propios deseos y esfuerzos (obras según la naturaleza pecaminosa)?

3. Lea 1 Corintios 2:14-3:3. ¿Qué clase de personas ve usted descritas en este pasaje? ¿Cuál le describe a usted más apropiadamente?

4. ¿Cómo es posible que una persona que se considera "espiritual" todavía pueda actuar "carnalmente"? ¿Cuál es el remedio para esto?

La casa que construye el Espíritu

5. Usted ya leyó "las obras según la naturaleza pecaminosa" (Gálatas 5:19-21); ahora examine el "fruto del Espíritu".

Lea Gálatas 5:22-26. ¿Cuáles son las características de una persona que vive según el Espíritu?

6. ¿Por qué considera usted que es importante que el Espíritu Santo se encuentre presente en la vida matrimonial?

7. ¿Qué fruto del Espíritu en específico usted necesita más para mejorar la unidad en su matrimonio, según Gálatas 5, versículos 22 y 23? ¿Por qué?

Las preguntas 7 y 8 son para ser contestadas entre usted y su cónyuge. Luego de contestarlas, quizás podrían compartir con el grupo algún punto que sea apropiado acerca de lo que descubrieron.

8. ¿Qué fruto en específico usted ve de manera evidente en la vida de su cónyuge?

Principio del Constructor del Hogar:
Sólo por medio del Espíritu Santo usted puede construir un hogar que honre a Dios.

S E S I O N S E I S • C O N S T R U Y E N D O E N E L E S P I R I T U   **79**

9. El Espíritu Santo tiene distintas funciones en la vida de un cristiano. Cada pareja debe escoger uno de los pasajes a continuación. (Una pareja puede escoger más de un pasaje o más de una pareja puede escoger el mismo pasaje.)

- Juan 14:26
- Juan 16:13
- Romanos 8:16
- Juan 16:8
- Hechos 1:8
- Romanos 8:26

Lea su pasaje y comparta lo que considera que revela la Escritura sobre lo que es el trabajo del Espíritu Santo. Tomen turnos leyendo el pasaje bíblico que cada persona escogió y compartiendo lo que ha descubierto sobre el ministerio del Espíritu Santo.

10. ¿En qué maneras puede el Espíritu Santo ayudarle a construir su matrimonio?

Principio del Constructor del Hogar:
Un hogar construido por Dios requiere que ambos cónyuges rindan el control de sus vidas al Espíritu Santo.

RESUMEN	15 MINUTOS

Si usted desea que el poder del Espíritu Santo esté presente en su vida y en su matrimonio, usted debe darle el control de su vida a Jesucristo. Confiese su pecado y permita que Cristo asuma la dirección de su vida. Para vivir consistentemente bajo el poder del Espíritu Santo, usted necesita asegurarse que diariamente vive bajo el control de Dios.

Concluya esta sesión en oración. Repita la oración que se sugiere a continuación, si ésta expresa el deseo de su corazón.

Padre mío, yo te necesito. Me doy cuenta que he estado controlando mi propia vida, y como resultado, he pecado contra ti. Te doy gracias que has perdonado mis pecados por medio de la muerte de Cristo en la cruz por mí. Ahora te pido que tomes nuevamente el control de mi vida. Lléname con el poder de tu Espíritu Santo y diríjeme. Como una expresión de mi fe, te doy gracias ahora mismo por tomar control de mi vida por medio del Espíritu Santo.
Yo oro en el nombre de Jesús, Amén.

Haga una Cita

Planifique un tiempo con su cónyuge para completar juntos el Proyecto de Constructores del Hogar antes de la próxima sesión. El líder del grupo le pedirá que comparta algo de esta experiencia en la próxima reunión.

FECHA

HORA

LUGAR

PROYECTO   60 MINUTOS

Como Pareja [10 minutos]
Comparta con su cónyuge sobre su jornada espiritual contestando algunas de las siguientes preguntas:
- ¿Quién ha tenido el mayor impacto espiritual en su vida? ¿En qué manera?

- ¿Qué historia bíblica, pasaje o versículo de la Escritura tiene gran signficado para usted?

- ¿Cuál es una de sus primeras memorias en la iglesia?

Individualmente [25 Minutos]

1. ¿Qué ha descubierto usted sobre el Espíritu Santo durante esta sesión?

2. Mencione una manera práctica en la cual usted puede aplicar lo que aprendió, durante esta próxima semana.

3. ¿En qué maneras el Espíritu Santo le ayuda en su vida?

4. ¿En qué área de su vida usted necesita más de el poder del Espíritu Santo en este momento?

5. ¿Qué puede estar obstaculizando la labor del Espíritu Santo en su vida?

6. Confiese a Dios cualquier pecado que pueda estar obstaculizando la labor del Espíritu Santo en su vida y pídale que le ayude a caminar siendo controlado por el Espíritu.

Interacción entre la Pareja [25 Minutos]

1. Compartan sus respuestas a las preguntas de la sección anterior. Su relación se beneficiará grandemente de una conversación transparente sobre asuntos espirituales—al igual que del compartir abiertamente sobre dificultades o preguntas que ustedes puedan tener. (Precaución: Si su cónyuge le revela alguna dificultad personal que le perturbe a usted, extienda gracia y perdón.)

2. ¿Cómo pueden animarse el uno al otro a caminar siendo controlados por el Espíritu?

3. ¿En qué maneras prácticas puede el poder del Espíritu Santo hacer una diferencia en las situaciones diarias de su matrimonio?

4. Concluyan su tiempo juntos orando el uno por el otro.

Recuerde traer su agenda a la próxima sesión para que Haga una Cita.

En la próxima página usted encontrará el ejercicio "Para un Impacto Adicional".

Para un Impacto Adicional

Tan sólo para los ojos de Dios: Usted quizás desee hacer este ejercicio como parte de su tiempo devocional a solas en algún momento durante la próxima semana.

Muchos creyentes han encontrado que pasando un tiempo a solas con Dios, en oración, pidiéndole que les revele cualquier pecado que no haya sido confesado anteriormente, es muy significativo para la vida espiritual. A continuación le sugerimos algunos pasos que puede considerar al hacerlo:

1. Tome un papel en blanco y titúlelo "Tan sólo para los ojos de Dios". En oración, considere escribir en el papel aquellas actitudes y actos que son contrarios a la Palabra de Dios, especialmente aquéllos que afectan en alguna manera a su cónyuge.

2. Luego de pasar un tiempo examinándose a sí mismo, escriba las palabras del versículo que se encuentra en 1 Juan 1:9 sobre su lista de faltas, y déle gracias a Dios por Su perdón absoluto por aquellos pecados del pasado, del presente y del futuro.

3. Agradézcale a Dios el haber enviado a su hijo a morir en la cruz por sus pecados.

4. Puede que sea necesario y apropiado que usted le confiese a su cónyuge aquellas actitudes y actos que le hayan hecho daño directamente a él o ella. Precaución: Si no tiene la certeza de cuán apropiado sea compartir algo en específico, procure buscar primero consejo sabio al respecto.

5. Destruya el papel donde escribió su lista.

6. En reverencia, ore al Señor reconociendo la autoridad de Dios sobre su vida.

Sesión Siete

Construyendo un Legado

Poder construir un legado que honre a Dios requiere que determinen como pareja que van a influenciar al mundo y a las próximas generaciones.

PREPARACION   15 MINUTOS

Un legado que perdure
Nuestra vida ha sido moldeada por la influencia de otras personas. A continuación se ofrece una lista de destrezas que a menudo desarrollamos en el transcurso de nuestra vida. Escoja una destreza de la lista y comparta con el grupo quién le adiestró en dicha destreza. Quizás usted desee compartir alguna otra cosa importante que esta persona le enseñó.

- Pescar
- Amarrarse los zapatos
- Orar
- Trabajar
- Decir "por favor" y "gracias"
- Conducir el auto
- Mostrar camaradería en los deportes
- Tirar la pelota
- Cocinar
- Leer

Compartiendo sobre el Proyecto
Comparta con el grupo algo que aprendió al hacer el proyecto de la sesión anterior.

PLAN   60 MINUTOS

Durante la pasada sesión usted estudió sobre cómo la unidad con Dios y la unidad con su cónyuge son necesarias para vencer el aislamiento en su relación matrimonial. La unidad que usted establece en su hogar le permite lograr alcanzar a otros.

El corazón compasivo de Dios sufre por aquéllos que aún no han logrado alcanzar su perdón al no recibir a su Hijo Jesucristo. Lograr reconciliar al hombre consigo es el deseo ardiente de Dios para cada individuo. Usted, su cónyuge y aquéllos a los que usted influencia con su vida, incluyendo a sus hijos, son todos parte del cumplimiento del propósito de Dios.

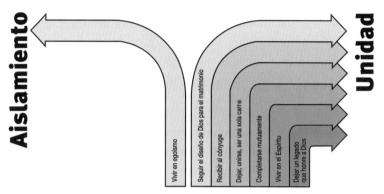

La unidad en su matrimonio le permite ser de impacto a otros de una manera que honra a Dios en sus vidas.

Todo matrimonio que trabaje para juntos satisfacer aquellas necesidades que se presentan tanto en su hogar como fuera de su hogar, dejarán un legado espiritual que les sobrevivirá a ellos. Cada persona últimadamente dejará un legado diferente. La prueba se encuentra en cómo una persona o pareja cumple fielmente con los propósitos de Dios, siendo un buen administrador de su tiempo, de sus talentos y de su bienes materiales. Un legado que honre a Dios se puede observar en parte por medio del carácter de los descendientes que han sido influenciados por la vida de una persona.

Si su grupo es grande, conteste las preguntas de la sección del Plan en grupos más pequeños de seis personas. A menos que se indique lo contrario, conteste las preguntas en su grupo pequeño. Luego de terminar cada sección, compartan las respuestas con el grupo completo.

Comprendiendo nuestro legado

1. ¿Cuando usted piensa en la palabra "legado" o "herencia", qué es lo primero que viene a su mente?

2. ¿Cuáles son otros tipos de legado que las personas dejan? Puede escribir tantos como se le ocurran.

3. ¿Qué clase de legado sus padres le han dejado a usted? ¿Qué piensa de ese legado?

4. Cada pareja puede escoger uno de los pasajes a continuación para leerlo entre sí. (Dependiendo de cuántas parejas tenga su grupo, una pareja puede escoger más de un pasaje o más de una pareja escoger el mismo pasaje.)

- Josué 24:14-15

- Salmos 112:1-2

- 2 Timoteo 1:5

- 3 Juan 4

Lean el pasaje como pareja y escriba palabras, frases o pensamientos que usted considera describen el legado que Dios desea que usted deje. Luego comparta su pasaje y lo que escribió con el grupo.

Principio del Constructor del Hogar:
El legado que usted recibió no es tan importante como el legado que usted va a dejar.

Dejando un legado más allá de su persona

5. ¿Qué dice 2 Timoteo 2:2 y Mateo 28:19-20 sobre dejar un legado espiritual?

6. ¿Cómo deja usted un legado que honre a Dios a través de la influencia sobre sus hijos, según lo que dice en Deuteronomio 6:4-7?

> **Principio del Constructor del Hogar:**
> *El legado que usted deja es determinado por la vida que usted vive.*

Siendo motivado para dejar un legado que honre a Dios

7. Para contestar esta pregunta, divida el grupo en tres (un grupo puede ser una pareja). Cada grupo va a escoger uno de los siguientes pasajes:

- Romanos 8:31-39
- 1 Pedro 3:9-16
- 2 Pedro 3:8-15

Lea el pasaje bíblico en su grupo y conteste la siguiente pregunta: ¿Qué le motiva a dejar un legado que honre a Dios, al leer los pasajes anteriores? Luego que los grupos hayan tenido tiempo para contestar la pregunta, únanse de nuevo y compartan sus respuestas.

8. Lea 1 Corintios 3:10-15 y compare los resultados de un legado sin Dios y un legado que honre a Dios.

9. ¿Cómo sería su legado si solamente estuviese basado en su vida hasta hoy?

Las preguntas 9 y 10 son para ser contestadas entre usted y su cónyuge. Luego de contestarlas, quizás podrían compartir con el grupo algún punto que sea apropiado acerca de lo que descubrieron.

10. ¿Cómo quiere usted que sea su legado? ¿A quiénes piensa usted que Dios quiere que le sirva de influencia?

> **Principio del Constructor del Hogar:**
> *Su relación matrimonial debe dejar un legado que sea de influencia a las próximas generaciones.*

R E S U M E N   15   M I N U T O S

Al finalizar este estudio, tomen un tiempo para reflexionar como grupo sobre su experiencia juntos. Escoga una de las siguientes preguntas para compartir su respuesta con el grupo completo:

- ¿Qué significado ha tenido el reunirse como grupo durante el curso de este estudio? Sea específico.

- ¿Qué ha sido lo más valioso que usted ha descubierto durante el estudio?

- ¿Qué le gustaría a usted que pasara con este grupo en el futuro?

- ¿Ha ocurrido algún cambio en usted?

Haga una Cita

Planifique un tiempo con su cónyuge para completar juntos el Proyecto de Constructores del Hogar antes de la próxima sesión. El líder del grupo le pedirá que comparta algo de esta experiencia en la próxima reunión.

FECHA

HORA

LUGAR

P R O Y E C T O   60 M I N U T O S

Como Pareja [10 minutos]
¡Felicitaciones! Usted ha llegado hasta el final de este estudio y al último proyecto. Comience su cita haciendo una reflexión sobre el efecto que ha tenido este estudio en su matrimonio. Las preguntas a continuación le pueden ayudar a comenzar su reflexión.

- Recuerde cuando comenzó este estudio con el grupo. ¿Cómo se sentía en esa primera reunión? ¿Qué expectativas tenía usted del estudio y del grupo? ¿Cómo compara con las expectativas que usted tenía, la experiencia de haber asistido al grupo y haber realizado este estudio?

- ¿Cómo se ha beneficiado su relación matrimonial de este estudio?

- ¿Qué aprendió sobre su cónyuge como resultado de este estudio?

- ¿Qué ha sido lo mejor de este estudio para usted?

Individualmente [20 minutos]
1. Escriba con detalles el legado que usted desea dejar a:
- Sus descendientes físicos — sus hijos, si Dios se los concede.

• Sus descendientes espirituales—aquéllos en los que usted tiene influencia mediante discipulado o a quien usted le sirve de mentor en las cosas de Dios.

2. ¿Cuál es uno de los objetivos principales que usted se propone durante este año para ayudarle a lograr lo siguiente:

• dejar un legado que honre a Dios en sus descendientes físicos

• dejar un legado que honre a Dios en sus descendientes espirituales

Interacción entre la Pareja [30 Minutos]
1. Comparen la descripción que escribieron en la sección individual sobre el legado que ambos desean dejar. Luego, escriban una descripción que sea común para ambos (quizás pueden desplegar este documento en algún lugar visible en su hogar o en su lugar de empleo para que les sirva de recordatorio):
• Para sus descendientes físicos

- Para sus descendientes espirituales

2. Póngase de acuerdo con su cónyuge para aplicar algún punto de acción específico que les ayudará como matrimonio a dejar un legado que honre a Dios. (Para algunas ideas, haga referencia a la página 101.)

3. ¿Qué pueden hacer usted y su cónyuge como pareja para sacar tiempo con regularidad para construir su matrimonio?

4. Concluyan su tiempo juntos en oración, dándole gracias a Dios por el cónyuge y por su relación matrimonial. ¡Agradézcale también lo que El ha hecho y lo que va a continuar haciendo en sus vidas y en su relación!

Puede visitarnos por medio del internet en www.familylife.com, para darnos información acerca del resultado de este estudio, y para adquirir más información sobre recursos para la familia y eventos de enriquecimiento matrimonial a celebrarse próximamente en su área.

¿Qué haremos después de este Estudio?

Es nuestra oración que usted se haya beneficiado grandemente de este estudio de la serie Constructores del Hogar. Es nuestra esperanza que su relación matrimonial siga creciendo al someter ambos sus vidas a Jesucristo y al comprometerse a construir su matrimonio de acuerdo al diseño divino.

También confiamos que usted pueda comenzar a tratar de alcanzar a otros matrimonios, tanto en su iglesia como en su comunidad, para que éstos sean fortalecidos. Su iglesia local necesita parejas como la suya, que esté comprometida a construir un hogar cristiano. Una de las historias favoritas de la Segunda Guerra Mundial ilustra este punto claramente.

Ocurrió que en el año 1940, las fuerzas armadas de Francia se colapsaron bajo la embestida violencia de Hitler. Los holandeses se habían desplomado bajo el régimen Nazi. Bélgica se había rendido y el ejército Inglés se encontraba atrapado en la costa de Francia, en el canal del puerto de Dunkerque.

Doscientos veinte mil soldados británicos parecían estar destinados a morir, en lo que se vislumbraba como un despliegue masivo de sangre en el Canal Inglés. Las tropas de Fueher, que se encontraban tan sólo a una corta distancia en las montañas de Francia, no se percataban de cuán cerca se encontraban de alcanzar la victoria.

Cualquier atentado de rescate parecía ser inadecuado e inútil en el periodo de tiempo que quedaba. Una de las pequeñas armadas de la marina de guerra, llamada "los profesionales" le comentó al rey Jorge VI que quizás con un esfuerzo muy grande, podrían salvar alrededor de diecisiete mil tropas. La Casa de los Comunes fue advertida a que se preparara para un informe final difícil y funesto.

Los políticos se encontraban paralizados y el rey se encontraba impotente ante la situación. Las fuerzas aliadas tan sólo podían observar como espectadores pasivos en la distancia. Cuando todo parecía perdido, una extraña flota apareció en el horizonte del Canal Inglés—una variedad de botes desordenados y descabellados que probablemente marcaron la historia para siempre.

Dicha flota consistía de barcos pesqueros, remolcadores, botes salvavidas, veleros, y aun hasta la flotilla de los bomberos de Londres. *Cada barco era navegado por personas comunes que servían como voluntarios. Eran los padres de Inglaterra que venían al rescate de sus hijos que se encontraban exhaustos y rendidos.*

El escritor William Manchester nos relata en su novela *"The Last Lion"* que lo que ocurrió en el año 1940 en un período de menos de 24 horas fue un milagro-no tan sólo fueron rescatados todos los soldados ingleses, sino que 118,000 soldados de las tropas aliadas también fueron rescatados.

Hoy en día, los hogares cristianos son como esas tropas en Dunkerque. Viven dentro de una inmensa presión en la que se encuentran atrapados y desmoralizados. El hogar de hoy necesita ayuda; su ayuda. La comunidad cristiana podría asemejarse a la nación Inglesa y muchas veces esperamos que los políticos, otros profesionales, y aun nuestros ministros sean los que se acerquen para salvar a la familia. La realidad es que el problema es mucho más grande de lo que todos ellos juntos pueden resolver.

Con el alto índice de divorcio que existe hoy día, necesitamos un esfuerzo masivo de parte de hombres y mujeres que se arriesguen a "navegar"en aguas peligrosas para rescatar a aquellas familias que exhaustas y rendidas se encuentran siendo víctimas del ataque del enemigo. Necesitamos un esfuerzo de alcance que sea llevado a cabo por parejas comunes que tengan su fe puesta en un Dios no común. Por mucho tiempo, las parejas dentro de las iglesias han renunciado a su responsabilidad y privilegio de ser de influencia a otros, relegando esta responsabilidad a aquéllos que se encuentran en el ministerio como vocación a tiempo completo.

Es muy probable que este estudio haya encendido la antorcha en sus vidas espirituales. Quizás ya se encontraba encendida la llama, pero este estudio ha "añadido leña al fuego". No importa cuál sea la condición en que se encuentre, le retamos a que invierta su vida en otros.

Tanto usted como otras parejas alrededor del mundo pueden ser parte del equipo de personas que ayude a invertir y a construir en la vida de miles de matrimonios y familias. Según usted comience a compartir estos principios con otros en un grupo de Constructores del Hogar, usted no tan sólo verá la vida de otros matrimonios siendo fortalecida, sino que será testigo del crecimiento de su propia relación matrimonial.

¿Se unirá usted a nosotros para "Alcanzar a muchas vidas.....para lograr cambiar la vida familiar de muchos"?

A continuación encontrará algunas sugerencias prácticas que usted puede utilizar para hacer una diferencia en las familias de hoy:

1. Forme un grupo de cuatro a siete parejas y facilite un grupo de Constructores del Hogar para estudiar las siete sesiones del estudio *Cómo Construir Su Matrimonio*. (Por qué no presentarle un reto a otros dentro de su iglesia o comunidad para formar otros grupos similares).

2. Comprométase a continuar construyendo matrimonios comenzando grupos pequeños utilizando otros títulos de la Serie de Estudios para Parejas Constructores del Hogar.

3. Otra herramienta excelente para alcanzar a otros es la película "JESUS", la cual se encuentra disponible en video. Para más información de cómo obtener una copia, en Estados Unidos y Puerto Rico, puede comunicarse con FamilyLife al teléfono 1-877-FL-TODAY, o vía el internet en www.familylife.com. Si desea información en España o Europa, puede comunicarse con las oficinas de De Familia a Familia al teléfono 011-34-93-274-0642, o vía el internet en www.defamilia.org; y en los países de Latinoamérica con las oficinas del Ministerio a la Familia al (305) 382-3073, o vía el internet en www.ministerioalafamilia.org.

4. Tome la iniciativa de invitar a otros a compartir una cena en su hogar, ya sean parejas de su vecindario o de su comunidad, y como pareja, comparta su fe en Jesucristo con ellos.

5. Comparta el amor de Cristo con los niños de su comunidad por medio de actividades de alcance relevantes a ellos.

6. Si usted ha asistido a una conferencia de enriquecimiento de vida matrimonial de nuestra organización, por qué no considera ofrecer ayuda a su pastor haciéndose disponible para ser mentores de otras parejas dentro de su iglesia utilizando los materiales que ofrece FamilyLife.

Si desea más información sobre eventos en Español a celebrarse en su área y sobre materiales para enriquecer a la familia, puede comunicarse con nosotros en el número de teléfono 1-877-FL-TODAY y le podremos referir al ministerio correspondiente:

FamilyLife
U.S. Hispanic Ministry (en Estados Unidos y territorios)
3900 North Rodney Parham Road
Little Rock, AR 72212-2441
1-877-FL-TODAY (1-877-358-6329)
www.familylife.com

De Familia a Familia (en Europa y España)
Agape
Malats, 37, Baixos
08030 Barcelona, España
34-93-274-0642
www.defamilia.org

Ministerio a la Familia (en Centro y Sur América)
14050 S.W. 84th St., Suite 103
Miami, FL 33183
(305) 382-3073
www.ministerioalafamilia.org

Nuestros Problemas y las Respuestas de Dios

Toda pareja tendrá eventualmente que lidiar con problemas en el matrimonio. Problemas de comunicación, de finanzas y dificultades con la intimidad sexual, entre otros. Resolver estos asuntos es muy importante para poder cultivar una relación amorosa con su cónyuge. La Serie de Estudios para Parejas Constructores del Hogar está diseñada para ayudarle a fortalecer su relación matrimonial en muchas de estas áreas que son vitales.

Primera Parte: El gran problema

En el corazón de casi todo problema que surge en el matrimonio, se encuentra un problema que nosotros personalmente no le podemos ayudar a resolver. No importa cuánto esfuerzo usted haga para resolverlo, este problema es demasiado grande para que usted pueda hacerlo por sí solo.

Este problema consiste de la separación que existe entre el hombre y Dios. Si usted desea experimentar una relación matrimonial en la manera en que fue diseñada para que funcionara, necesita establecer una relación con el Dios que lo creó y que le ofrece el poder para vivir una vida plena y con propósito.

Lo que nos separa de Dios es un problema básico—el pecado. La mayoría de nosotros asumimos que el término pecado se refiere a una lista de hábitos malos que la mayoría de las personas están de acuerdo en que son malos. Tratamos de lidiar con nuestro problema de pecado tratando de esforzarnos para lograr ser mejores personas. Leemos libros que hablan de cómo controlar la ira, o hacemos una nueva resolución de ser honestos de ese momento en adelante.

Sin embargo, en lo profundo de nuestro corazón, reconocemos que nuestro problema de pecado es más profundo que una lista de hábitos malos. Todos nosotros nos hemos rebelado contra Dios. Le hemos ignorado y hemos decidido manejar nuestras vidas de la manera que tiene sentido para nosotros. La Biblia dice que Dios, que nos ha creado, desea que sigamos el plan que tiene para nuestra vida; no nuestro propio plan. Pero debido al pecado que se encuentra dentro de nosotros, pensamos que nuestros planes y nuestras ideas son mejores que las de Dios.

- *"Por cuanto todos pecaron y no alcanzan la gloria de Dios"* (Romanos 3:23)

¿Qué significa "no alcanzar la gloria de Dios"? Significa que ninguno de nosotros ha confiado en Dios de la manera en que deberíamos hacerlo. Hemos buscado satisfacernos con otras cosas y las hemos considerado más valiosas que Dios. Hemos tomado nuestro propio camino. La Biblia nos dice que tenemos que pagar la pena correspondiente por nuestro pecado. Sencillamente, no podemos hacer las cosas como nos venga en gana, y esperar que todo vaya bien con Dios. Cuando seguimos nuestro propio plan nos dirigimos hacia la destrucción.

- *"Hay camino que al hombre le parece derecho, pero al final, es camino de muerte."* (Proverbios 14:12)

- *"Porque la paga del pecado es muerte."* (Romanos 6:23a)

La pena del pecado es que para siempre estemos separados del amor de Dios. Dios es santo y nosotros somos pecadores. No importa cuánto tratemos de hacerlo mejor, no podremos alcanzar un plan que evitará la pena inevitable que merece nuestro pecado, aún cuando este plan sea el de tratar de vivir una vida de buenas obras o el tratar de hacer lo que la Biblia dice.

La solución de Dios para nuestro pecado

Dios tiene la solución para nuestro problema. El se convirtió en hombre por medio de la persona de Jesucristo. El vivió una vida sin pecado, en obediencia perfecta al plan de Dios. Jesucristo murió voluntariamente en la cruz para pagar nuestra penalidad por el pecado. El demostró que es más poderoso que el pecado y la muerte al resucitar de entre los muertos al tercer día. El es el único que tiene el poder para invalidar la pena que merecemos por nuestro pecado.

- *"Jesús le dijo: Yo soy el camino, y la verdad, y la vida; nadie viene al Padre sino por mí."* (Juan 14:6)

- *"Pero Dios muestra su amor para con nosotros, en que siendo aún pecadores, Cristo murió por nosotros."* (Romanos 5:8)

- *"Cristo murió por nuestros pecados...fue sepultado... y resucitó al tercer día, conforme a las Escrituras;... apareció a Cefas y luego a los doce; luego apareció a más de quinientos..."* (1 Corintios 15:3-6)

- *"Porque la paga del pecado es muerte, pero la dádiva de Dios es vida eterna en Cristo Jesús Señor nuestro."* (Romanos 6:23)

La muerte de Jesús ha solucionado nuestro problema. El ha cruzado el abismo que nos separa de Dios. El nos pide que vayamos para entregarle el plan que tenemos para manejar nuestra vida, el cual es defectuoso de raíz. El desea que confiemos en Dios y Su plan para nuestra vida.

Cómo aceptar la solución que da Dios

Si está de acuerdo con que usted se encuentra separado de Dios, Dios le exhorta a que confiese sus pecados. Todos nosotros hemos arruinado nuestra vida de una manera u otra prefiriendo obstinadamente seguir nuestras propias ideas y plan en lugar de preferir el plan de Dios. Pero Dios promete que si reconocemos que nos hemos rebelado en contra de Su plan, y por consiguiente hemos arruinado nuestra vida, El nos perdonará y solucionará nuestro problema de pecado.

- *"Pero a todos los que le recibieron, les dio el derecho de llegar a ser hijos de Dios".* (Juan 1:12)

- *"Porque por gracia habéis sido salvados por medio de la fe, y esto no de vosotros sino que es don de Dios; no por obras, para que nadie se gloríe."* (Efesios 2:8-9)

Cuando la Biblia habla de recibir a Cristo, se refiere a que nosotros reconozcamos que somos pecadores y que no tenemos solución para nuestro problema de pecado. Significa entonces que nos arrepentimos de nuestro pecado y que confiamos que Cristo nos perdonará y nos transformará en las personas que El quiere que seamos. No es suficiente que intelectualmente creamos que Jesucristo es el Hijo de Dios. Es necesario que confiemos por fe en El y en Su plan para nuestra vida, como un acto de nuestra voluntad.

¿Considera que todo anda bien entre usted y Dios, esto es, que El se encuentra en el centro de su vida y que usted sigue Su plan?

o, ¿Considera que su vida se encuentra fuera de control mientras trata usted de seguir su propio camino?

Usted puede cambiar de rumbo hoy. Usted puede volverse hacia Dios y permitirle que transforme su vida. Todo lo que tiene que hacer es hablar con El y expresarle lo que se encuentra en su mente y en su corazón. Si usted nunca antes lo ha hecho, considere seguir los pasos a continuación:

- ¿Está de acuerdo con que usted necesita de Dios? Dígaselo.

- ¿Ha arruinado usted su vida tratando de seguir su propio camino? Dígaselo.

- ¿Cree usted que la muerte de Jesús en la cruz y Su resurrección de entre los muertos le dio el poder para solucionar el problema de su pecado y otorgarle el regalo de la vida eterna? Dígaselo.

- ¿Se encuentra usted listo para reconocer que el plan de Dios para su vida es mejor que cualquier plan que usted pueda fabricarse? Dígaselo.

- ¿Considera usted que Dios tiene todo el derecho para ser señor y dueño de su vida? Dígaselo.

"Buscad al Señor mientras puede ser hallado;
llamadle en tanto que está cerca"
(Isaías 55:6).

A continuación le sugerimos la siguiente oración como guía:

Señor Jesucristo, te necesito. Gracias porque moriste en la cruz por mis pecados. Te recibo como mi Señor y Salvador. Gracias por perdonar mis pecados y darme la vida eterna. Hazme la persona que tú quieres que yo sea.

¿Expresa esta oración el deseo de su corazón? Si lo expresa, haga esta oración ahora mismo y Jesucristo entrará en su vida según lo ha prometido.

Segunda Parte: Cómo vivir la vida cristiana

Para la persona que es un seguidor de Jesucristo—una persona cristiana—la pena por su pecado ha sido pagada completamente. Sin embargo, los efectos del pecado continúan durante toda nuestra vida.

- *"Si decimos que no tenemos pecado, nos engañamos a nosotros mismos y la verdad no está en nosotros".* (1Juan 1:8)
- *"Pues no hago el bien que deseo, sino que el mal que no quiero, eso practico."* (Romanos 7:19)

Los efectos del pecado también se pueden observar en nuestra relación matrimonial. Aun los cristianos tienen dificultad en mantener un matrimonio sólido y que honre a Dios. La mayoría de las parejas se dan cuenta, tarde o temprano, que no pueden hacerlo solos, pero con la ayuda de Dios, pueden lograr tener éxito. El Espíritu Santo puede tener un gran impacto en la vida matrimonial de aquellos cristianos que viven día a día y momento a momento bajo su dirección.

El cristiano dirigido por el Yo

Muchos cristianos tienen dificultad en vivir la vida cristiana porque tratan de vivirla por sus propios esfuerzos en lugar de permitir que Dios tome el control de sus vidas. Sus intereses son guiados por su propia voluntad y a menudo esto resulta en frustración y fracaso en su esfuerzo.

- *"Así que yo hermanos, no pude hablaros como a espirituales, sino como a carnales, como a niños en Cristo.. Os di a beber leche, no alimento sólido porque todavía no podíais recibirlo. En verdad, ni aun ahora podéis. Porque todavía sois carnales. Pues habiendo celos y contiendas entre vosotros, ¿no sois carnales y andáis como hombres?"* (1 Corintios 3:1-3).

El cristiano dirigido por el Yo no puede experimentar una vida abundante y fructífera. Estas personas confían en sus propios esfuerzos para vivir la vida cristiana: ellos no tienen la información—o quizás la han olvidado—sobre el amor, el perdón y el poder de Dios. Esta clase de cristiano:

- vive una experiencia espiritual inestable.

- no puede entenderse a sí mismo—quiere hacer lo correcto, pero no puede.

- no depende del poder del Espíritu Santo para vivir la vida cristiana.

Algunas, o todas, de las siguientes características se ven en el cristiano que no confía completamente en Dios:

Desobediencia	Pensamientos impuros
Falta de amor hacia Dios y otros	Celos
Inconsistencia en su vida de oración	Preocupación
Falta de deseo de estudiar la Biblia	Fácil de desanimar, frustrado
Una actitud legalista	Crítico
	Falta de propósito

Nota: Aquellos individuos que profesan ser cristianos pero continúan practicando el pecado, necesitan darse cuenta que quizás no son cristianos, de acuerdo a lo que dice la Biblia en 1 Juan 2:3; 3:6, 9; Efesios 5:5.

El cristiano dirigido por el Espíritu

Cuando un cristiano coloca a Jesucristo en el trono de su vida, le da el completo control a Dios. Los intereses de esta persona son guiados por el Espíritu Santo, lo cual resulta en armonía con el plan de Dios.

- *"Mas el fruto del Espíritu es amor, gozo, paz, paciencia, benignidad, bondad, fidelidad, mansedumbre, dominio propio; contra tales cosas no hay ley."* (Gálatas 5:22-23)

Jesus dijo,

- *"Yo he venido para que tengan vida, y para que la tengan en abundancia."* (Juan 10:10b)

- *"Yo soy la vid, vosotros los sarmientos; el que permanece en mí y yo en él, ése da mucho fruto, porque separados de mí nada podéis hacer."* (Juan 15:5)

- *"Pero recibiréis poder cuando el Espíritu Santo venga sobre vosotros; y me seréis testigos en Jerusalén, en toda Judea y Samaria, y hasta los confines de la tierra."* (Hechos 1:8)

Cuando el Espíritu Santo se encuentra trabajando en nuestras vidas, se observarán las siguientes características en nuestra vida:

Vida centrada en Jesucristo	Amor
Capacitado por el Espíritu Santo	Gozo
Motivado para presentar a Cristo a otros	Paz
Dedicado a la oración	Paciencia
Estudiante de la Palabra de Dios	Benignidad
Confía en Dios	Bondad
Obedece a Dios	Fidelidad
	Mansedumbre
	Dominio propio

El que estas características puedan verse en la vida y relación matrimonial de una persona depende de cuánto esa persona confíe cada detalle de su vida a Dios, y también depende de su madurez como cristiano. Una persona que tan sólo comienza a comprender las verdades del ministerio del Espíritu Santo en su vida no se debe desanimar si encuentra que no está produciendo tanto fruto como lo hace un cristiano maduro quien ha conocido y experimentado estas verdades por más tiempo.

Cómo darle el control a Dios

Jesús prometió a sus seguidores una vida abundante y fructífera según ellos permitieran que el Espíritu Santo les dirigiera y capacitara. Cuando le damos el control de nuestras vidas a Dios, Jesucristo vive a través de nosotros y en nosotros por medio del poder del Espíritu Santo (Juan 15).

Si usted realmente desea ser dirigido y capacitado por Dios, puede rendirle el control de su vida al Espíritu Santo ahora mismo. (Mateo 5:6; Juan 7:37-39).

Primero, confiese sus pecados a Dios, y exprese su deseo de abandonar sus patrones de vida pecaminosos del pasado. Por fe, dé gracias a Dios porque ha perdonado sus pecados por medio de la muerte de Cristo en la cruz. (Colosenses 2:13-15; 1Juan 1:9; 2:1-3; Hebreos 10:1-18).

Asegúrese que entrega cada aspecto de su vida a Dios (Romanos 12:1-2). Considere qué aspectos suyos preferiría mantener bajo su control y asegúrese que está dispuesto a darle el control a Dios aun en esas áreas.

Por fe, comprométase a vivir de acuerdo a la dirección y poder del Espíritu Santo.

- *Viva por medio del Espíritu: "Digo, pues: Andad por el Espíritu, y no cumpliréis el deseo de la carne. Porque el deseo de la carne es contra el Espíritu, y el del Espíritu es contra la carne, pues éstos se oponen el uno al otro, de manera que no podéis hacer lo que deseáis."* (Gálatas 5:16-17)

- *Confíe en la promesa de Dios: "Y esta es la confianza que tenemos delante de El, que si pedimos cualquier cosa conforme a su voluntad, El nos oye. Y si sabemos que El nos oye en cualquier cosa que pidamos, sabemos que tenemos las peticiones que le hemos hecho."* (1 Juan 5:14-15).

Cómo expresar su fe a través de la oración

La oración es una manera de expresar nuestra fe en Dios. Si la oración que se encuentra a continuación expresa el deseo de su corazón, considere hacerla o utilizarla como guía para comunicarle en sus propias palabras su deseo a Dios:

"Padre mío, te necesito. Me doy cuenta que he estado controlando mi propia vida, y como resultado he pecado contra ti. Te doy gracias que has perdonado mis pecados porque Cristo murió en la cruz por mí. Ahora le pido a Cristo que tome su lugar en el trono de mi vida. Toma control de mi vida por medio del Espíritu Santo como prometiste que lo harías si lo pedía en fe. Te doy las gracias por dirigir mi vida y capacitarme por medio del Espíritu Santo."

Cómo caminar en el Espíritu

Si usted se da cuenta que existe un área en su vida (una actitud o una acción) que desagrada a Dios, simplemente, confiese su pecado y déle las gracias que haya perdonado sus pecados por medio de la muerte de Jesucristo en la cruz. Acepte el amor y perdón de Dios por fe y continúe teniendo comunión con El.

Si usted reconoce que ha tomado control de su vida nuevamente a causa del pecado—un acto definido de desobediencia—trate el siguiente ejercicio de "Respiración Espiritual", mientras le da el control a Dios nuevamente.

1. **Exhale.** Confiese su pecado. Esté de acuerdo con Dios en cuanto a su pecado, y déle las gracias porque El lo ha perdonado, de acuerdo a lo que dice en 1 Juan 1:9 y Hebreos 10:1-25. Recuerde que la confesión implica arrepentimiento—una determinación a cambiar actitudes y acciones.

2. **Inhale.** Rinda el control de su vida a Cristo, invitando por fe al Espíritu Santo a tomar control del trono de su vida nuevamente. Confíe que ahora El le dirige y capacita, de acuerdo al mandamiento en Gálatas 5:16-17 y la promesa de 1 Juan 5:14-15. Volver a poner su fe en Dios le facilitará poder continuar experimentando el amor y perdón de Dios.

Cómo cambiar radicalmente su matrimonio

Este nuevo compromiso que usted ha hecho enriquecerá su matrimonio grandemente. Puede solidificar su compromiso al compartir con su cónyuge su nuevo compromiso con Dios. Al comenzar a experimentar el trabajo del Espíritu Santo en su vida, su cónyuge puede que desee hacerlo también al ver la evidencia en su vida. Si ambos han entregado el control de sus vidas al Espíritu Santo, cada uno será de ayuda al otro para mantener su relación con Dios, y su matrimonio será cambiado radicalmente. Cuando Dios se encuentra a cargo de nuestras vidas, la vida se convierte en una gran aventura.

Anotaciones para el Líder

Contenido

Cómo Dirigir un Grupo de Constructores del Hogar 114

Anotaciones para el Líder 118

Sesión Uno **119**

Sesión Dos **122**

Sesión Tres **125**

Sesión Cuatro **129**

Sesión Cinco **132**

Sesión Seis **127**

Sesión Siete **140**

Cómo Dirigir un Grupo de Constructores del Hogar

¿Cuál es la función del líder?

Su rol como líder del grupo es el de ser un "facilitador". Un facilitador anima a los miembros del grupo a pensar y a descubrir lo que dicen las Escrituras, y a la misma vez, ayuda a que la atmósfera del grupo sea agradable, mientras que mantiene su dinámica activa y en progreso.

¿Cuál es el mejor ambiente y horario para llevar a cabo este estudio?

Este estudio está diseñado para ser utilizado en una dinámica de estudio bíblico en grupos pequeños. Sin embargo, puede ser adaptado fácilmente para ser utilizado en el formato de la escuela dominical. A continuación le ofrecemos algunas sugerencias para que pueda ser utilizado tanto en grupos pequeños como en la escuela dominical:

En un grupo pequeño

Para crear un ambiente cálido y amigable en el grupo, se recomienda que el grupo se reúna en un hogar. En muchos casos, la pareja que dirige el grupo sirve también de hogar anfitrión. Muchas veces, es bueno invitar a otra pareja para que ceda su hogar para que el grupo se reúna en algunas de las ocasiones. Escoja lo que crea que será de mayor beneficio para el grupo, tomando en consideración varios factores tales como el número de parejas que van a participar y la localización del lugar de reunión.

Cada sesión está diseñada para que se lleve a cabo en un periodo de noventa minutos. Sin embargo, le recomendamos que separe al menos dos horas para la reunión, de manera que puedan cubrir el material relajadamente. Asegúrese que usted mantiene la regla fundamental para los grupos pequeños: Un buen grupo comienza y termina su reunión a tiempo. El tiempo de las personas es valioso y su grupo apreciará que usted respete su tiempo.

En la escuela dominical

Existen dos factores importantes que debe tomar en consideración si desea adaptar este material a una clase de escuela dominical: 1) El material que usted cubra en la clase debe enfocarse mayormente en el contenido que se encuentra en la sección del Plan. La sección del Plan es el corazón de cada sesión y está diseñada para ser cubierta en sesenta minutos. 2) La mayoría del formato de la escuela bíblica está centrada en lo que el maestro ofrece en lugar de la dinámica de grupo pequeño. Si va a utilizar este material en el formato de escuela bíblica, debe adaptarse a la dinámica de grupo pequeño mientras estudia la serie. Esto requerirá que haya una interacción activa entre los miembros de la clase, y que éstos se dividan en varios grupos pequeños para un mayor beneficio (nuestra recomendación es que cada grupo consista de seis a ocho personas).

¿Cuántas parejas deben componer un grupo?

Recomendamos que cada grupo tenga de cuatro a siete parejas (incluyéndole a usted y a su cónyuge). Si hay más parejas que están interesadas en unirse al grupo, que las que usted puede acomodar, considere pedirle a otra persona que comience otro grupo simultáneamente. En caso de que su grupo sea muy grande, durante el transcurso del estudio se le indicarán momentos en que el grupo puede dividirse en otros más pequeños. Esto ayudará a que pueda cubrir el material en el periodo de tiempo que se provee y permitirá una mayor participación e interacción entre los miembros del grupo.

¿Y qué de los refrigerios?

Muchos grupos escogen tener algún refrigerio para estimular la conversación informal y promover un ambiente de amistad. Si usted escoge ofrecer refrigerios, a continuación le ofrecemos algunas sugerencias: 1) Puede encargarse de proveer los refrigerios en las primeras dos sesiones y luego puede darle la oportunidad a los miembros del grupo a que se ofrezcan a traerlos en las próximas sesiones. 2) Considere comenzar con el refrigerio para compartir informalmente (unos quince minutos), luego puede seguir con el estudio. De esta manera, si alguna pareja llega tarde, sólo pierde el refrigerio y no el estudio. Puede tener algún refrigerio adicional para cuando se termine la sesión para promover un ambiente de compañerismo, pero recuerde que es importante que termine a tiempo el estudio de manera que aquéllos que necesiten regresar a sus hogares inmediatamente, se sientan en libertad de hacerlo.

Cuidado de niños

Cada grupo tiene diferentes necesidades y maneja el cuidado de niños de acuerdo a dichas necesidades. A continuación le ofrecemos diferentes opciones a escoger en cuanto al cuidado de niños:

- Cada pareja puede hacer sus propios arreglos para el cuidado de niños.

- Como grupo, pueden emplear los servicios de una niñera confiable que tenga cuidado de los niños en algún lugar, ya sea en el hogar donde se celebra el estudio o en el hogar de otra de las parejas del grupo.

Tiempo de oración

Un elemento esencial en un grupo pequeño es que exista tiempo para compartir en oración. Sin embargo, usted como líder debe estar consciente de que cada persona se encuentra en un nivel diferente cuando se refiere a compartir en oración frente a otros. Nunca debe pedirle a alguien que ore en voz alta a menos que usted esté seguro que la persona se siente cómoda haciéndolo. Existen maneras creativas de animar a que el grupo comparta en oración, entre ellas, modelando usted cómo orar, pidiendo voluntarios y permitiendo que las personas oren diciendo sus peticiones en diálogo. Puede utilizar una lista de peticiones como herramienta para comunicar peticiones entre el grupo. Puede encargarle la tarea de llevar la lista a otra persona del grupo. Usted puede comenzar el tiempo de oración como líder, pero debe dar la oportunidad a otra pareja para que mantenga y distribuya la lista de peticiones.

Resumen

Un recurso adicional el cual es excelente para ayudarle a formar grupos pequeños es *La Guía del Líder de Constructores del Hogar*, por Drew y Kit Coons. Esta guía le ofrecerá información más detallada sobre cómo dirigir un grupo de Constructores del Hogar. Puede comunicarse con las oficinas de Group Publishing en los Estados Unidos o de FamilyLife en los respectivos continentes, para obtener este recurso.

Este recurso se encuentra disponible solamente en Inglés.

Anotaciones para el Líder

Las sesiones contenidas en este estudio pueden ser dirigidas sin requerir mucho tiempo para la preparación. Sin embargo, a continuación se proveen algunas notas que le ayudarán en su preparación. Las categorías que encontrará dentro de estas anotaciones son las siguientes:

Objetivos

El propósito de los objetivos es ayudarle a enfocar en lo que va a ser presentado en cada sesión.

Notas y Sugerencias

Esta sección le proveerá comentarios generales sobre la sesión a discutirse, como ideas y sugerencias, que le ayudarán a facilitar la discusión. Quizás usted desee hacer de antemano una lista de los puntos que usted quiera asegurarse que cubre durante cada sesión.

Comentarios

En esta sección usted encontrará comentarios que están específicamente relacionados con las preguntas de la sección del Plan de cada sesión. No todas las preguntas contienen comentarios en cada sesión. Sin embargo, usted encontrará que aquellas preguntas que tengan comentarios tendrán el número correspondiente a dicha pregunta. (Por ejemplo, si en la Sesión Uno, la pregunta número 3 del Plan tiene un comentario correspondiente, usted encontrará dicho comentario bajo el número 3 de la Sesión Uno en las Anotaciones para el Líder.)

Anotaciones para el Líder

Sesión Uno:
Venciendo el Aislamiento

Objetivos

Vencer el egoísmo y el aislamiento es esencial para poder construir la unidad en su matrimonio y una relación que honre a Dios.

- En esta sesión, las parejas podrán:
- Compartir experiencias que han disfrutado en su relación matrimonial.
- Identificar el egoísmo como la causa principal del aislamiento en el matrimonio.
- Afirmar en sus conciencias que Dios tiene un plan para vencer el aislamiento y el egoísmo en el matrimonio.
- Escoger tomar un paso específico que les ayudará a vencer el egoísmo.

Notas y Sugerencias

1. Si no lo ha hecho anteriormente, asegúrese que lee las secciones de "Cómo Comenzar las Sesiones" en la página 6, "Cómo Dirigir un Grupo de Constructores del Hogar," y "Anotaciones para el Líder" que encontrará comenzando en la página 114 de este manual.

2. Como parte de la primera sesión, usted debe revisar con el grupo las reglas para los miembros de un grupo de Constructores del Hogar (haga referencia a la página 13 de la Introducción de este manual).

3. Esta sesión contiene un ejercicio Para un Impacto Adicional que usted puede utilizar como una actividad dentro de la sección de Preparación si así lo desea. Sin embargo, asegúrese que mantiene nota del tiempo si utiliza esta actividad, de manera que la sesión se mantenga en línea progresiva y dentro del tiempo planeado.

4. Haga un esfuerzo especial en enfatizar la importancia de completar el Proyecto de Constructores del Hogar. Anime a cada pareja a que "Haga una Cita" para que puedan completar el proyecto antes de la próxima reunión. Mencione que usted les pedirá que compartan algo sobre el proyecto durante la próxima reunión.

5. Esta es la primera sesión en que el grupo se reúne. Quizás desee terminar en oración en lugar de pedirle a otros que oren en voz alta al concluir la sesión. Muchas personas se sienten incómodas al orar frente otros, y a menos que conozca a su grupo muy bien, puede que sea sabio que comience despacio a introducir los diferentes métodos para orar como grupo. Recuerde que es importante que sirva de modelo en esta área de la oración.

6. Como el grupo apenas está comenzando, quizás puede animar a las parejas a que inviten a otra pareja para que se una al grupo. Puede presentarle un reto al grupo para que piensen en otra pareja a la cual pueden invitar a la próxima sesión.

Comentarios

A continuación le ofrecemos información adicional correspondiente a algunas preguntas de la sección del Plan. Nota: Los números que encontrará a continuación corresponden a la pregunta con el mismo número en la sección del Plan en esta sesión. Si escoge compartir sobre alguno de estos puntos, asegúrese que lo hace en una manera que no estorbe la discusión del grupo aparentando que tiene las respuestas correctas y que es la autoridad en el tema. Le sugerimos que comience su comentario en una de las siguientes maneras: "Algo que noté en este pasaje es que..." o, "Pienso que otra razón podría ser..."

3. Isaías 53:6: "nos apartamos cada cual por su camino," lo cual es egoísmo.

5. El aislamiento entre la pareja puede verse de distintas maneras, como por ejemplo, malentendidos, orgullo, frustración, insatisfacción emocional y sexual, y muchos otros síntomas que se observan en los matrimonios con problemas serios. Si los miembros de su grupo tienen dificultad describiendo los efectos del aislamiento, usted puede sugerir algunas de las respuestas anteriores.

6. Para algunas personas, vencer el aislamiento resulta ser una tarea extremadamente difícil. También, muchas temen al rechazo de parte de su cónyuge.

9. Marcos 10:35-45 dice que es necesario servir si queremos construir algo significativo. Este relato también se puede ver en Mateo 20:20-28.

Atención a los líderes de grupos de Constructores del Hogar

FamilyLife le invita a inscribir a su grupo de Constructores del Hogar. Al inscribirse, usted tendrá la oportunidad de conectarse con una red de líderes de otros grupos, el cual es un movimiento mundial de parejas que están utilizando la Serie de Estudios para Parejas Constructores del Hogar para fortalecer a matrimonios y a familias en sus comunidades. Recibirá las últimas noticias sobre Constructores del Hogar y otras oportunidades para ayudar a fortalecer a los matrimonios y familias de su comunidad.
Según aumente el número de líderes en la red de Constructores del Hogar, le ofreceremos recursos adicionales tales como adiestramientos y oportunidades de poder comunicarse con los autores del estudio por medio del internet. También podrá compartir peticiones de oración. No hay costo ni obligación alguna para inscribirse. Simplemente, puede visitarnos en www.familylife.com/homebuilders, e inscribir a su grupo.

| Anotaciones para el Líder |

Sesión Dos:
Creando la Unidad Matrimonial

Objetivos

La unidad matrimonial se alcanza a medida que tanto el esposo como la esposa obedezcan a Dios y trabajen juntos para construir su hogar utilizando la Biblia, la cual nos ofrece el diseño y plan para edificarlo. En esta sesión, las parejas podrán:

- Descubrir los beneficios de la unidad en la relación matrimonial.
- Identificar que la clave para alcanzar la unidad y la armonía en la relación matrimonial es el compromiso a seguir el diseño de Dios para el matrimonio.
- Evaluar cómo están siguiendo el diseño de Dios para su matrimonio.
- Planificar algunas maneras específicas en las cuales podrán reflejar mejor la imagen de Dios en su relación matrimonial.

Notas y Sugerencias

1. El enfoque de la Sesión Uno fue los problemas en la relación matrimonial. En esta sesión se comienza a explorar cómo el diseño de Dios sirve como solución al problema del egoísmo y el aislamiento. Sea sensible a aquellas personas o parejas que tengan dificultad en aceptar los propósitos de Dios para sus vidas. Su aceptación y calor humano jugará un papel importante para que otros en el grupo consideren hacer la decisión de apropiarse de los principios que se presentan en estas sesiones.

2. Sería bueno que pueda tener a la mano guías de estudio y Biblias adicionales para aquéllos que hayan llegado a la sesión sin ellas.

3. Si alguna persona se encuentra en esta reunión por primera vez, puede ofrecer un resumen de los puntos más importantes de la Sesión Uno. Asegúrese que presenta a las personas nuevas al grupo. Quizás podría pedirle a cada pareja que conteste la pregunta número 1 de la sección de Preparación de la Sesión Uno.

4. Si escoge ofrecer refrigerios, asegúrese que alguien esté encargado de traerlos.

5. Si su grupo ha decidido hacer una lista de peticiones de oración para compartirla entre los miembros del grupo, asegúrese que alguna persona se hace cargo de distribuirla.

6. Si usted le dijo al grupo durante la primera sesión que les iba a pedir que compartieran algo que descubrieron al completar el Proyecto de Constructores del Hogar, asegúrese que le da seguimiento a su ofrecimiento y les brinda la oportunidad de que compartan sobre el proyecto.

7. Notará que al margen de la sección del Plan se encuentra una nota que sugiere que si su grupo es grande, se divida en grupos más pequeños para facilitar la participación e interacción entre las personas.

8. Pídale a algún miembro del grupo que cierre la sesión en oración. Confírmelo de antemano con una o dos personas que piensa que se sentirán cómodas orando en voz alta frente al grupo.

Comentarios

Nota: Los números que encontrará a continuación corresponden a la pregunta con el mismo número en la sección del Plan en esta sesión.

4. Si su grupo necesita ayuda al comenzar la discusión, a continuación le ofrecemos algunas sugerencias de respuestas que usted puede compartir: trabajando para alcanzarla; mejorando su intimidad sexual; que cada cónyuge tome su parte en cumplir con las responsabilidades de la casa; y trabajar en su relación matrimonial.

5. Haciendo a Dios parte de la relación. Obediencia a la Palabra de Dios.

6. El apóstol Pablo nos instruye que pongamos los intereses de otros por encima de los nuestros. Esto es vital para alcanzar la unidad en la relación matrimonial.

8. Génesis 1:27: Dios creó a dos seres distintos (varón y hembra) para que juntos reflejaran la imagen de Dios.

Génesis 1:28: Dios creó al hombre y a la mujer como sus embajadores para que le glorificaran en la tierra y para que compartieran con otros la necesidad de seguir a Cristo (amigos, compañeros de trabajo, vecinos, familiares).

Génesis 2:18: El compañerismo reemplaza el aislamiento

| Anotaciones para el Líder |

Sesión Tres:
Recibiendo a su Cónyuge

Objetivos

La unidad en el matrimonio requiere que reciba a su cónyuge como la perfecta provisión de Dios para sus necesidades.

En esta sesión, las parejas podrán:

- Identificar las maneras en que Adán necesitaba a Eva y comparar estas necesidades con las maneras en que cada persona necesita de su cónyuge.
- Discutir la importancia del fundamento de la aceptación del cónyuge como la perfecta provisión de Dios para sus vidas.
- Analizar cómo es que las debilidades del cónyuge pueden convertirse en obstáculo para que se reciba al cónyuge como la provisión de Dios.
- Describir maneras específicas en que necesitamos del cónyuge y cómo poder aceptarle como el regalo de Dios.

Notas y Sugerencias

1. En la tercera sesión, observará como el grupo se conoce mejor. Esto facilitará el que puedan sentirse relajados y cómodos al compartir el uno con el otro, al menos en algunos aspectos externos de su relación matrimonial. En esta sesión se abunda más profundamente en algunas áreas sensitivas de por qué necesitamos a nuestro cónyuge. Puede que algunas personas tengan dificultad en admitir que necesitan de su cónyuge, ya sea frente a su cónyuge o frente a otros. Es de suma importancia que usted ofrezca apoyo y aceptación a los miembros del grupo sin presionar a nadie.

Pida a Dios que le dé sensibilidad hacia cada persona del grupo. Recuérdele al grupo que pueden pasar por alto cualquier pregunta que no deseen contestar.

2. En la sección del Resumen se ofrece un ejercicio "Para un Impacto Adicional". Este ejercicio requiere que usted tenga a la mano varias herramientas comunes en el hogar. Si decide hacer este ejercicio, asegúrese que busca de antemano algunas herramientas que tengan dos partes como tijeras, alicates, abridor de latas manual, podador de arbustos, etc. Debe tener al menos una herramienta por pareja.

3. El Proyecto de Constructores del Hogar en esta sesión requiere que cada persona escriba una carta de amor. Si alguna pareja del grupo ha asistido a una conferencia de enriquecimiento de vida matrimonial de nuestra organización, puede que ya hayan hecho este ejercicio anteriormente. Si esto sale a relucir en la discusión del grupo, puede hacerles la siguiente pregunta: ¿Será posible que una persona escriba cartas de amor demás para la persona que ama?

4. Recuerde la importancia de comenzar y terminar a tiempo.

5. Puede que usted encuentre que tomar algunas notas luego de cada sesión le ayude a evaluar cómo va el grupo. Algunas preguntas que puede hacerse son: ¿Participaron todos en la discusión? ¿Debo darle seguimiento a alguna persona en particular antes de la próxima reunión? Hacerse preguntas como éstas le ayudarán a mantener el enfoque.

6. Es muy importante que usted y su cónyuge completen el Proyecto de Constructores del Hogar antes de cada sesión para servir de ejemplo a los demás miembros del grupo.

Comentarios

2. Para que no se sintiera auto-suficiente. Para facilitarle que pudiese reconocer su necesidad de Dios y de su cónyuge.

3. A continuación le ofrecemos algunos pensamientos que comentaristas han desarrollado en cuanto al significado del pasaje de Génesis 2:21-22. Quizás podría compartirlos con el grupo.

Nota: Los números que encontrará a continuación corresponden a la pregunta con el mismo número en la sección del Plan en esta sesión.

Hizo a Adán caer en un sueño profundo: Algunas personas sugieren que ese sueño profundo facilitó el procedimiento quirúrgico y además mantuvo a Adán fuera de poder ofrecer sugerencias innecesarias sobre el diseño de la mujer.

Tomó una de sus costillas: Esto implica que Dios reconoció la igualdad entre el hombre y la mujer y representa un fuerte lazo emocional entre los géneros.

Cerró la carne: Adán no sufrió daño alguno en el proceso.

Formó una mujer: Ella fue creación completa de Dios.

La trajo a Adán: Era obvio que a Dios le preocupaba la reacción que pudiese tener Adán hacia la mujer y quería que fuese reconocida como que venía de parte de Dios.

6. Obviamente, Eva era la única mujer en el jardín y podemos asumir que ocurrió una atracción inmediata entre ellos. Sin embargo, la única clave que nos da este pasaje es que Adán la reconoció como un regalo de Dios para su vida. Adán confió en el Dios que le había creado y que ahora le presentaba a su cónyuge.

8. Si el asunto de abuso y violencia doméstica sale a relucir en la discusión, dirija la atención al consejo sabio que provee la Escritura en Romanos 13:1 y 1 Pedro 2:13-15. En estos pasajes vemos cómo Dios establece las autoridades para encargarse de aquéllos que hacen el mal. Una persona que se encuentre en peligro inminente

no debe vacilar en contactar a las autoridades para su protección. El pasaje de Romanos 5:8 nos muestra el ejemplo de Cristo y cómo Dios ama al pecador aún cuando odia el pecado (Salmo 45:7). Los actos incorrectos de un cónyuge no sirven de excusa para el desagravio del otro cónyuge. Proverbios 14:7 nos dice que "nos apartemos de la presencia del necio". Esto no implica que automáticamente nos debemos divorciar, pero sí nos aconseja que establezcamos suficiente distancia, de manera que evitemos la influencia del necio.

9. Nota: Rechazar el regalo es rechazar al dador del regalo.

Es posible que alguna persona haga la observación de que cuando ellos se casaron, ninguno de los dos conocía a Dios, mucho menos tenían su confianza puesta en El. ¿Cómo puede ser entonces que el cónyuge es un regalo de Dios bajo esta circunstancia? Usted puede referir la pregunta al grupo para que la contesten, y durante la discusión puede mencionar que la Escritura establece claramente que Dios es soberano en los asuntos de los individuos y de las naciones.

10. Usted puede considerar que las debilidades de su cónyuge son oportunidades para que su cónyuge le necesite a usted y también como herramientas que le ayuden a confiar más en Dios.
Debe también darse cuenta que muchas de estas debilidades probablemente nunca podrán ser cambiadas, y aún aquellas que tengan el potencial de ser cambiadas, serán cambiadas en la medida en que exista una atmósfera de amor y aceptación.

Anotaciones para el Líder

Sesión Cuatro:
Construyendo una Relación

Objetivos

El llegar a ser uno requiere que la pareja construya su matrimonio mediante el proceso de dejar a sus padres, de unirse a su cónyuge y de ser una sola carne.

En esta sesión, las parejas podrán:
- Definir la importancia de dejar a sus padres.
- Discutir maneras en las cuales los cónyuges pueden unirse el uno con el otro.
- Identificar la relación que existe entre ser uno (ser una sola carne) y alcanzar la unidad en el matrimonio.

Notas y Sugerencias

1. ¡Felicitaciones! Al terminar esta sesión usted habrá cubierto más de la mitad del material de este estudio, así que ha llegado el momento para verificar cómo va el estudio. ¿Cómo se siente usted? ¿Cómo va el grupo? ¿Qué ha funcionado bien hasta el momento? ¿Qué considera usted que puede cambiar para completar la otra mitad del estudio?

2. Uno de los temas que se discuten en esta sesión es cómo dejar a los padres cuando se establece la relación matrimonial. Cuando se discute un tema como éste, es muy fácil que se desvíe el enfoque hacia los suegros. Aún cuando pueda ser interesante, éste no es el punto de la discusión y debe evitarse. Si esto ocurriera, trate de llevar la conversación nuevamente al tema, animando a las parejas a considerar su propia relación con sus padres.

Usted también puede enfatizar al grupo que la dependencia de los padres no significa que en ocasiones uno reciba algún tipo de ayuda. Por ejemplo, es posible que una pareja pida dinero prestado a sus padres. Esto no necesariamente indica dependencia de los padres si se maneja como una transacción seria donde la pareja se compromete a pagar el dinero prestado de una manera formal y en un plazo de tiempo acordado. De la misma manera, si existe una crisis en la vida de la pareja y los padres ayudan en alguna forma, esto tampoco es indicativo de dependencia de los padres. Sin embargo, si existe un patrón de que cada vez que occurra una crisis los hijos corren hacia los padres en busca de ayuda; esto sí que es una señal de peligro.

3. Luego de esta sesión, quizás sería una buena idea que le escribiera una notita de agradecimiento a cada pareja, mencionando que les agradecen su contribución y compromiso al grupo, y dejándoles saber que están orando por ellos. (Asegúrese que hace un alto para orar por cada pareja según escriba su nota de gracias.)

4. Puede que los miembros de su grupo se sientan más cómodos entre sí. Quizás podría ofrecerles la oportunidad de que terminen esta sesión orando juntos. Puede sugerirles que en su oración completen lo siguiente: "Señor, quiero darte las gracias por _____." Sea sensible a aquéllos que se sientan incómodos haciéndolo.

5. Anticipando: En la sección del Plan de la Sesión Cinco, va a necesitar dividir el grupo en dos - damas y caballeros. Va a necesitar que otra persona dirija el grupo de las damas mientras usted dirije el grupo de los caballeros. Su cónyuge puede ser un buen recurso para esto, pero asegúrese que hace los preparativos antes de la próxima reunión.

Comentarios

3. Cuando los padres están muy apegados a los hijos, los hijos no maduran. El cónyuge puede desarrollar una raíz de resentimiento que creará conflictos entre la pareja. Cuando los hijos son dependientes de los padres, el cónyuge no tendrá la oportunidad de satisfacer las necesidades del otro. Esto impide que se desarrolle la unidad en la relación matrimonial de la pareja.

Nota: Los números que encontrará a continuación corresponden a la pregunta con el mismo número en la sección del Plan en esta sesión.

4. Ore por sus padres. Escríbale notas y llámelos con regularidad. Organice eventos especiales donde ellos se sientan honrados. Considere hacerles un tributo por escrito. Cuando ellos le necesiten, asegúrese de tener cuidado de ellos y de ofrecerles la ayuda necesaria. Si alguna pareja del grupo se encuentra en la situación de tener padres que están envejeciendo e incapacitados de poder cuidar de sí mismos, quizás puede plantear para discutir la siguiente pregunta: "¿Cómo puede una pareja manejar con equilibrio su responsabilidad del uno hacia el otro y a su vez poder suplir las necesidades de sus padres mayores?" (Aún cuando el cónyuge siempre debe tener prioridad, no se puede tomar esto como excusa para ser negligentes con los padres. Vea Marcos 7:6-13 donde Jesús acusa a aquéllos que utilizan su religiosidad como excusa para evitar el cuidado de sus padres.)

5. Unirse al cónyuge significa que la persona hace un compromiso especial para toda la vida con su cónyuge. En la medida en que una pareja no haga este compromiso, no ha dejado realmente a sus padres.

8. La unión física es la expresión de la unión total con la otra persona, esto es, unión de espíritu, alma y cuerpo.

10. Esto implica más que el encontrarse desnudos físicamente. Significa que ellos son completamente "transparentes" el uno con el otro, sin sentirse amenazados al revelar lo más profundo de su ser a su cónyuge.

> **Anotaciones para el Líder**

Sesión Cinco:
Completándose Mutuamente

Objetivos

Dios desea que tanto el esposo como la esposa asuman responsabilidades bíblicas en su relación matrimonial.

En esta sesión, las parejas podrán:
- Identificar las responsabilidades bíblicas que el esposo y la esposa tienen el uno hacia el otro.
- Discutir lo que impide que los cónyuges puedan cumplir con estas responsabilidades.
- Desarrollar una descripción que sirva de guía para lograr cumplir sus responsabilidades.

Notas y Sugerencias

1. En esta sesión los caballeros y las damas estarán en grupos diferentes en la sección del Plan. Asegúrese que ha hecho arreglos de antemano para que otra persona facilite el grupo en el cual usted no va a estar (su cónyuge es un buen candidato). La persona que facilitará el otro grupo necesita leer las Notas y Comentarios de esta sesión.

2. En esta sesión se va a discutir uno de los temas de más controversia actualmente dentro de la iglesia—el rol del esposo y de la esposa. La mayoría de las parejas no comprenden lo que la Biblia dice con respecto a este tema y probablemente lleven ideas preconcebidas a la discusión. Es muy importante que usted le presente al grupo un reto para que pongan a un lado sus ideas preconcebidas y miren de cerca lo que la Biblia tiene que decir, en lugar de lo que ellos piensan o lo que la cultura sugiere.

3. Es muy posible que debido a la naturaleza del tema cada pregunta tome un poco más de tiempo que de costumbre. Sin embargo, es importante que como líder del grupo mantenga la discusión en progreso y provea suficiente tiempo para contestar la última pregunta en la sección del Plan. Esta pregunta es clave, ya que será el punto de diálogo para la pareja durante la sección del Resumen.

4. Como líder, una de las mejores cosas que puede hacer por su grupo es orar específicamente por cada miembro del grupo. ¿Por qué no toma un tiempo para hacerlo mientras se prepara para esta sesión?

Comentarios

Sección del Plan para los Esposos

Nota: Al prepararse para esta sesión, asegúrese que lee los puntos 2 y 3 de la sección anterior de Notas y Sugerencias.

Nota: Los números que encontrará a continuación corresponden a la pregunta con el mismo número en la sección del Plan en esta sesión.

Si algunos caballeros comienzan a ventilar algunas de sus frustraciones sobre sus esposas o las mujeres en general, usted puede explicar que el enfoque de esta sesión no es señalar dónde están fallando las esposas, sino descubrir cómo ellos como hombres pueden tener más éxito como esposos.

1. Esposo, padre, proveedor, amante, sensible y teniendo cuidado de su familia, jefe y empleado, etc. El éxito hoy en día usualmente se mide en términos del nivel social, vocación, el tamaño de nuestra casa, la acumulación de bienes materiales, en lugar de las relaciones con otros.

ANOTACIONES PARA EL LÍDER

2. Usted quizás quiera presentar el punto de que padres en el pasado no proveyeron un modelo efectivo de esposos y luego de muchos años de ataque por parte de la cultura a los roles de hombre y mujer, muchos hombres de hoy en día se encuentran confundidos y no saben cómo relacionarse y tratar con sus esposas.

5. El esposo ama y cuida de la esposa como Cristo ama y cuida de la iglesia. Un amor no egoísta siempre se demuestra dando de sí mismo, no dando cosas. Muchas esposas no han visto a sus esposos negarse a sí mismos desde el noviazgo y muchas otras nunca han experimentado este amor sacrificial. El amor sacrificial del esposo libera a la esposa de su propio egoísmo y a su vez vence el aislamiento y promueve la unidad matrimonial.

7. En Marcos 10:42-45, Jesús hace un contraste claro entre el líder con ínfulas de superioridad, el cual se enfoca en su autoridad y nivel de autoridad, y el siervo-líder, el cual se enfoca en darse a sí mismo a aquéllos a quienes dirige. El siervo-líder no ejerce autoridad sobre otros, sino que satisface las necesidades de otros. El no demanda que otros le sirvan sino que da de su propia vida y renuncia a sus deseos para que otros tengan vida— ya sea que lo merezcan o no.

8. Si un hombre tiende a ser pasivo en su estilo, necesita tomar seriamente su responsabilidad y comenzar a buscar oportunidades para servir a su esposa y buscar satisfacer sus necesidades.

Un esposo dictador necesita comenzar a considerar las maneras en que puede servir en lugar de dominar. El involucrará a su esposa en las decisiones y se preocupará por su bienestar.

Sección del Plan para las Esposas

Nota: Al prepararse para esta sesión, asegúrese que lee los puntos 2 y 3 de la sección anterior de Notas y Sugerencias.

Sea consciente de que cada mujer tiene necesidades diferentes. Si alguna dama expresa resentimiento o coraje, déle las gracias por abrirse con el grupo y pídale que guarde su opinión hasta que haya tenido la oportunidad de considerar lo que se va a presentar durante esta sesión.

Nota: Los números que encontrará a continuación corresponden a la pregunta con el mismo número en la sección del Plan en esta sesión.

Puede ser que algunas esposas comiencen a ventilar algunas de sus frustraciones sobre sus esposos. Puede explicar que el enfoque de esta sesión no es señalar dónde sus esposos están fallando, sino en descubrir las maneras específicas en que ellas pueden tener más éxito como esposas.

4. Este pasaje provoca una reacción negativa en muchas mujeres hoy en día, ya que dibuja una imagen de un esposo que da órdenes a su esposa y la obliga a seguir su voluntad, mientras que la esposa responde dócilmente a cada uno de sus caprichos. La mayoría de los argumentos que surjen en contra de los roles en el matrimonio vienen del hecho de que a través de la historia muchos hombres han sido dictadores. Sin embargo, esto no es lo que enseña la Biblia.

6. La palabra "sumisión" se deriva de la palabra en el griego que significa "debajo" y "arreglar". El sentido de la palabra es organizar o adaptar voluntariamente.

La sumisión no requiere que una esposa viole otros mandamientos o principios de las Escrituras. La Biblia no le pide a las esposas que se sometan a demandas destructivas o pecaminosas. Si surje en la discusión el asunto de violencia doméstica, sugiera los siguientes pasajes que proveen consejo sabio:

Proverbios 14:7 nos dice que "nos apartemos de la presencia del necio". Esto no implica que automáticamente nos debemos divorciar, pero sí nos aconseja que establezcamos suficiente distancia de manera que evitemos la influencia del necio.

Romanos 13:1 y 1 Pedro 2:13-15 nos enseña que Dios establece el gobierno y las autoridades para encargarse de aquéllos que hacen el mal. Una esposa que se encuentra en peligro inminente no debe vacilar en contactar a las autoridades para su protección.

Anotaciones para el Líder

Sesión Seis:
Construyendo en el Espíritu

Objetivos

Los cónyuges podrán experimentar unidad verdadera sólo cuando aprendan a vivir por fe, a través del poder del Espíritu Santo
En esta sesión, las parejas podrán:
- Considerar la diferencia entre un matrimonio donde Dios está y un matrimonio sin Dios.
- Identificar los elementos claves para caminar siendo influenciado por el poder del Espíritu Santo.
- Discutir maneras en que podemos restaurar y mantener una relación con el Espíritu Santo.
- Orar con todos en el grupo para pedir a Dios el poder del Espíritu Santo para sus vidas.

Notas y Sugerencias

1. Es importante comprender que es imposible estudiar toda la verdad sobre el Espíritu Santo en una sola sesión. Los puntos que se cubren en esta sesión tienen el propósito de animar a cada persona y pareja a que comiencen a experimentar el poder del Espíritu Santo como un paso esencial dentro del proceso de crecimiento en la vida cristiana. Para información adicional sobre el tema de vida cristiana, puede comunicarse con las oficinas locales de Campus Crusade for Christ, la cual tiene disponibles estudios excelentes para la dinámica de grupos pequeños.

2. Considere hacer arreglos con su cónyuge, u otro miembro del grupo, para que comparta brevemente sobre el ministerio del Espíritu Santo en su vida y en su relación matrimonial. Reúnase con esta persona de antemano para asegurarse que lo que va a compartir va a ser breve, práctico y relevante a los conceptos que se van a exponer en esta sesión.

3. Si usted piensa que alguna persona del grupo no tiene una relación personal con Dios, ésta puede ser una buena oportunidad para tomar unos momentos para compartir sobre cómo usted desarrolló una relación personal con Dios y la diferencia que hace el caminar con Jesucristo en el centro de su vida. Puede también hacer referencia a la sección "Nuestros Problemas y las Respuestas de Dios" que se encuentra en sus manuales.

4. Esta sesión contiene dos ejercicios "Para un Impacto Adicional". El primer ejercicio se encuentra en la sección de Preparación. El segundo ejercicio se encuentra al final de la sesión (luego del Proyecto de Constructores del Hogar.) Puede sugerirle a los miembros del grupo que completen el segundo ejercicio en algún momento, quizás como parte de su tiempo devocional personal.

5. Para la sección del Resumen, usted puede dirigir al grupo en un tiempo de oración. Puede utilizar la oración que se encuentra en esta sección para orar en voz alta o puede optar por orar en silencio. Luego de dar un tiempo para oración, puede utilizar el resto del tiempo en esta sección para orar, ya sea como grupo o cada persona con su cónyuge. Otra alternativa puede ser el preguntar a los miembros del grupo si desean compartir algo con el grupo.

6. Anticipando: Para la próxima sesión, la cual es la última sesión de este estudio, puede pedirle a alguna persona o pareja del grupo que comparta lo que este estudio o el grupo ha significado para ellos. Si considera hacerlo, es bueno que vaya pensando a quién le pedirá que comparta sobre su experiencia.

Comentarios

1. Luego de escuchar las respuestas del grupo, puede plantear la siguiente pregunta: "¿Cuál es el problema fundamental que una persona enfrenta para lograr llevar a cabo las buenas intenciones en su vida y en su matrimonio?

Nota: Los números que encontrará a continuación corresponden a la pregunta con el mismo número en la sección del Plan en esta sesión.

3. Muchas personas interpretan este pasaje como que es un reflejo de tres tipos de personas, y todos nos encontramos dentro de una de las siguientes categorías:

- La persona natural (1 Corintios 2:14)-aquella persona que no tiene una relación personal con Jesucristo.

- El cristiano dirigido por el Espíritu (1 Corintios 2:15-16)-aquella persona que conoce a Jesucristo y somete su vida a la dirección de Dios.

- El cristiano dirigido por el Yo (1 Corintios 3:1-3)-aquella persona que conoce a Jesucristo pero que sin embargo, no ha madurado en su vida cristiana y vive una vida dirigida por sí mismo.

6. Los propósitos por los cuales Dios creó el matrimonio no pueden ser alcanzados si la pareja no cuenta con la presencia de Dios en el centro de su hogar. El Espíritu Santo es la presencia personal de Dios en su vida matrimonial. Al alcanzar intimidad con el Espíritu Santo, el poder de Dios le permitirá a la pareja vencer las barreras que impiden alcanzar la unidad en la vida matrimonial.

| Anotaciones para el Líder |

Sesión Siete:
Construyendo un Legado

Poder construir un legado que honre a Dios requiere que determinen como pareja que van a influenciar al mundo y a las próximas generaciones.

Objetivos

Construir un legado que honre a Dios requiere que como pareja determinen que van a influenciar a otros y a las generaciones futuras para Cristo.

En esta sesión, las parejas podrán:

- Comparar cómo se ve un legado sin Dios y un legado que honra a Dios.
- Identificar el legado espiritual y físico que un matrimonio puede dejar.
- Evaluar en qué dirección va su relación matrimonial y su vida, y cómo escoger intencionalmente qué legado desean construir en el futuro.
- Discutir qué medidas específicas van a tomar para construir un legado que honre a Dios.

Notas y Sugerencias

1. Es de suma importancia que usted aproveche la última sesión del estudio para animar a las parejas a tomar medidas específicas para mantener su relación matrimonial alimentándose y creciendo, aún luego de terminar este estudio. Por ejemplo, puede presentarle un reto a las parejas que han desarrollado el hábito de hacer citas entre ellos durante el transcurso de este estudio, que continúen haciéndolo de aquí en adelante.

Aún cuando esta Serie de Estudios para Parejas Constructores del Hogar es de gran valor, es muy probable que las personas vuelvan a sus patrones pasados de conducta gradualmente, a menos que se comprometan a seguir un plan que les ayude a continuar progresando en lo que han comenzado. Se requiere un esfuerzo continuo para que las personas inicien y mantengan una nueva dirección en su relación matrimonial. Una alternativa para aquéllos del grupo que estén interesados es, comenzar otro estudio dentro de la serie de Constructores del Hogar.

2. Si en su grupo hay parejas que no tienen hijos, durante esta sesión puede enfocar la atención en los descendientes espirituales en lugar de los descendientes físicos. Además, si hay parejas en su grupo cuyos hijos son adultos y se encuentran fuera del hogar, puede animar a esos padres, ya que Dios puede redimir los errores que ellos hayan cometido en el pasado con sus hijos. Anímeles a que confiesen sus errores a Dios—y luego a sus hijos. Esto puede ser una forma poderosa de restaurar la relación y mejorar la comunicación con sus hijos.

3. Como parte de esta sesión, puede planificar reunirse como grupo una vez más para celebrar el que hayan completado este estudio.

Comentarios

4. Josué 24:14-15: compromiso como familia a temer y servir a Dios.

Salmo 112:1-2: temer a Dios y deleitarse en sus mandamientos.

2 Timoteo 1:5: fe sincera.

3 Juan 4: caminar en la verdad.

5. 2 Timoteo 2:2 enfatiza la importancia de encontrar hombres fieles en los cuales pueda invertir su vida, con la meta de que ellos puedan hacer lo mismo con otros hombres fieles. Mateo 28:19-20 nos instruye a alcanzar a otros y a hacer discípulos.

Nota: Los números que encontrará a continuación corresponden a la pregunta con el mismo número en la sección del Plan en esta sesión.

6. Es obvio que desarrollar un legado que honre a Dios va más allá que una reproducción física. El propósito de Dios no es tan sólo reproducir más personas, sino reproducir personas que se encuentren comprometidas con Dios. En Deuteronomio 6, se nos enseña que esto se logra según los padres le enseñen y le muestren las verdades de Dios a sus hijos en medio del diario vivir.

7. Si las personas tienen dificultad contestando esta pregunta, puede sugerirles las siguientes motivaciones:

Romanos 8:31-39: No existe dificultad alguna que pueda separarnos del amor y protección de Dios. Podemos tener la certeza de que cuando dependemos de El, tendremos éxito.

1 Pedro 3:9-16: Dios nos llama a bendecir, de manera que debemos hacer el bien, aún cuando enfrentemos dificultades. Como resultado, seremos bendecidos nosotros mismos.

2 Pedro 3:8-15: Dios dará finalidad al mundo presente, pero su paciencia es para darnos la oportunidad.

8. Una herencia material—aun los bienes materiales más valiosos del mundo serán destruidos. Una herencia que honre a Dios—Dios le dará la recompensa a aquéllos que construyan de acuerdo con Su diseño.

esde que los García asistieron a un evento de enriquecimiento matrimonial de FamilyLife, su amor es mucho más evidente:

¿Y quién está llevando cuentas de los resultados?

CONFERENCIAS DE ENRIQUECIMIENTO MATRIMONIAL
¡Verdaderamente, "Un Fin de Semana para Recordar"!

Escápe a un fin de semana romántico, inolvidable y divertido que a su vez puede ser muy significativo para su relación matrimonial. Durante el fin de semana, usted podrá aprender sobre cómo comprender mejor a su cónyuge, cómo construir su matrimonio y mucho más.

Si desea más información sobre eventos en Español para el enriquecimiento de su vida matrimonial y familiar a celebrarse en su área, puede comunicarse con nosotros en el número de teléfono 1-877-FL-TODAY, o puede visitarnos en www.familylife.com, y le podremos referir al ministerio local correspondiente.

FAMILYLIFE
Aportando Principios Permanentes para el Hogar

Permita que su vida matrimonial sea lo mejor que pueda ser

Un matrimonio excelente no ocurre sin algún esfuerzo—tanto el esposo como la esposa necesitan nutrir su relación. Los cónyuges necesitan hacer de su relación matrimonial una prioridad.

Por esta razón es que esta nueva edición de la Serie de Estudios para Parejas Constructores del Hogar® puede ayudarle en su esfuerzo. Esta serie consiste de estudios que contienen de 6 a 9 sesiones para grupos pequeños de parejas que les permite compartir e interactuar con otros sobre el tema de la vida matrimonial. El resultado de esta serie es una interacción con otras parejas que resulta divertida y amigable, lo cual facilita el desarrollo de una relación matrimonial sólida y una relación de amistad con otras parejas.

¡Ya sea que usted lleve muchos años de casado o que sea recién casado, esta serie le ayudará a usted y a su cónyuge a descubrir principios permanentes que se encuentran en la Palabra de Dios y que puede aplicar a su relación matrimonial, llevando su relación a que sea lo mejor que puede ser!

NUEVA EDICION

ISBN 0-7644-2249-9

La Serie de Estudios para Parejas Constructores del Hogar® le ofrece también una Guía para el Líder que le provee toda la información y ánimo que usted necesita para comenzar un grupo dinámico de Constructores del Hogar.

La Serie de Estudios para Parejas Constructores del Hogar en Español incluye los siguientes títulos:
Manteniendo Su Pacto (disponible tan sólo por medio de FamilyLife)
Cómo Construir Su Matrimonio
Cómo Mejorar la Comunicación en Su Matrimonio

Otros títulos en Inglés incluyen:
Building Teamwork in Your Marriage
Building Your Mate's Self-Esteem
Growing Together in Christ
Making Your Remarriage Last
Mastering Money in Your Marriage
Overcoming Stress in Your Marriage
Raising Children of Faith
Resolving Conflict in Your Marriage

Títulos adicionales en Español se encuentran en proceso de desarrollo. Asegúrese que pide información adicional actualizada.

Busque otros estudios de la **Serie para Parejas Constructores del Hogar** en su librería cristiana local, a través de las oficinas de FamilyLife, o puede comunicarse con:

www.familylife.com

P.O. Box 485, Loveland, CO 80539.
www.grouppublishing.com